2011中国彩电研究蓝皮书

中国电子视像行业协会（CVIA） 主编

人 民 邮 电 出 版 社
北 京

图书在版编目（CIP）数据

2011中国彩电研究蓝皮书 / 中国电子视像行业协会（CVIA）主编. -- 北京 : 人民邮电出版社, 2012.10
ISBN 978-7-115-29497-5

Ⅰ. ①2… Ⅱ. ①中… Ⅲ. ①彩色电视－电子工业－经济发展－研究报告－中国－2011 Ⅳ. ①F426.63

中国版本图书馆CIP数据核字(2012)第221614号

内 容 提 要

本书由中国电子视像行业协会组织彩电行业专家、骨干企业领导、咨询公司研究人员等共同编写，并得到了工业和信息化部运行监测协调局、电子信息司的大力支持。本书反映了2011年中国彩电行业的发展现状及未来趋势，分析了彩电行业国际市场及国内市场的情况，对智能化等热点趋势予以详细剖析，对产业链中的关键核心技术作了重点介绍。期望本书能够成为企业进行决策的重要依据，同时指导行业健康有序的发展！

2011 中国彩电研究蓝皮书

◆ 主　　编　中国电子视像行业协会（CVIA）
　责任编辑　王朝辉

◆ 人民邮电出版社出版发行　　北京市崇文区夕照寺街14号
　邮编　100061　　电子邮件　315@ptpress.com.cn
　网址　http://www.ptpress.com.cn
　北京隆昌伟业印刷有限公司印刷

◆ 开本：850×1168　1/32
　印张：5.625　　2012年10月第1版
　字数：151千字　　2012年10月北京第1次印刷

ISBN 978-7-115-29497-5

定价：48.00元

读者服务热线：(010)67132692　印装质量热线：(010)67129223
反盗版热线：(010)67171154

《2011中国彩电研究蓝皮书》

编 委 会

前　言

随着数字技术、网络技术的发展和信息化的推进，全球消费电子产业的发展出现了以高清、移动、交互和无线技术为核心的几大热点，并不断出现新的需求高潮，形成从信息开发、收集、存储、处理、传输、显示到信息反馈的一系列开发应用环节，即信息生态链。

其中显示是贯穿多媒体信息从无到有全过程的重要环节。“多媒体影像显示无处不在”将成为人类从事社会活动和经济活动的重要特征，推动显示技术和显示产业不断发生跨越性变革和进步。显示技术代表着先进信息技术的发展方向，显示产业及其关联产业可形成新的经济增长点，在国民经济中具有十分重要的地位。

“十二五”是我国数字电视产业发展的关键时期，也是提升产业创新能力、加快结构调整和转型升级的攻坚阶段。2011 年是“十二五”的开局之年，国内彩电企业应该抓住快速发展的机遇，拓展差异化竞争的新领域，使中国彩电行业在转型过程中迎来又一次质的飞跃。在过去的一年，我国彩电行业在产业链建设、上下游合作、技术标准和知识产权战略、节能环保、智能化和立体化发展等多方面均取得了突出成就。彩电业正呈现出一种前所未有的蓬勃态势。电视正向数字、双向、智能、多功能、全业务方向发展，并积极为物联网提供有力的支撑。新的需求高潮不断涌现，推动了显示技术和显示产业的跨越性变革和进步。

从 CRT 电视到平板电视，从 CCFL 背光液晶电视到 LED 背光液晶电视，从 2D 电视到 3D 电视，彩电业的转型升级在不断加速。而智能电视也成为彩电行业继互联网电视之后的又一个热点和发展新趋势。智能电视的实质意义在于改变原有载体的外在形态和内在机理，依托操作系统的开放性和软件的自由延伸性，实现内容的无限扩展和应用，并使电视具备仿生思维、知识和进化能力，达成双向深度的人机交互，成为集家庭影音、娱乐、学习、安防、生活辅助等功能于一体的终端应用平台载体。

《2011 中国彩电研究蓝皮书》及时、准确、全面、客观地总结和分析了 2011 年中国彩电行业的发展情况，对政策、市场、技术进行了深入的解析，并全面、系统地展望了行业未来的发展趋势。本“蓝皮书”在编写过程中，得到了工业和信息化部运行监测协调局、电子信息司的大力支持，也得到业内企业的大力推荐。中国电子视像行业协会本着“科学严谨、求实负责”的原则著书，认真履行行业责任，力争将该“蓝皮书”打造成具有专业性、权威性、客观性特点的行业指导手册，为企业进行决策提供重要依据，并对彩电行业的健康和谐发展起到指导作用。

本“蓝皮书”主要包含以下几点内容。

① 2011 年电子信息产业、彩电行业整体形势回顾与未来展望。

② 2011 年彩电国际市场出口情况及国内市场 3D 电视、智能电视、等离子电视分类解析。

③ 国内主要品牌厂商的智能电视战略。

④ 彩电产业链整体发展情况及显示、芯片、智能接口等关键技术介绍。

当前，中国彩电行业在产业环境、企业机制、技术水平、资本配套、产业链建设、制造规模、渠道变革、市场竞争等方面已经发生了深刻变化，智能化和显示无处不在已成为了重要的发展契机。

在这个变革加速、竞争加剧的时代，彩电行业面临着新的机遇与挑战。中国电子视像行业协会将认真总结和分析行业发展的热点与难点问题，积极向政府主管部门反映行业的呼声和诉求，通过 “蓝皮书”等多种形式及时发布有关行业发展趋势。希望企业在了解行业政策、市场情况的基础上能够全面、准确地把握发展方向，不断发展壮大，并共同推进彩电行业健康有序的发展！

本书编委会

目　录

第一篇

行　　业

1　2011 年电子信息产业统计公报

2011 年是我国电子信息产业调整转型的重要一年。面对国际环境新变化和国内经济运行新形势，全行业努力克服各种困难，不断巩固和扩大应对国际金融危机的成果，产业发展呈现出生产较快增长、投资高位运行、外贸出口逐步趋稳、结构调整扎实推进的良好局面，为推动信息化发展和促进两化融合发挥了积极作用，在国民经济发展中的地位不断提高。

一、产业地位保持领先，经济贡献日益突出

（一）在工业行业中保持领先地位

2011 年，规模以上电子信息制造业增加值、投资增速分别高于工业平均水平 2.0 和近 20 个百分点，行业收入、利润占全国工业比重分别达到 8.9%和 6.1%，电子信息制造业在整个工业中的领先地位和支柱作用日益凸显。

（二）对国民经济的贡献日益加大

2011 年，规模以上电子信息制造业从业人员 940 万人，比 2010 年新增 60 万人，占全国城镇新增就业人口的 4.9%；上缴税金 1245 亿元，同比增长 31.0%，增速高出全国工业平均水平 6.2 个百分点；电子信息产品进出口总额达 11292.3 亿美元，占全国外贸进出口总额为 31.0%。电子信息产业在国民经济中的重要性不断提高。

（三）为信息化建设提供有力支撑

截至 2011 年年底，我国手机普及率达到 73.6 部/百人，比 2010 年提高 9.2 部/百人；3G 网络渗透率达到 13.0%，比 2010 年提高 7.5 个百分点。我国互联网普及率达到 38.3%，比 2010 年提高 4.0 个百分点；其中手机上网用户占到网民总数的 69.4%，比 2010 年提高 3.2 个百分点。城镇居民的彩电、计算机拥有率超过 135 台/百户和 70 台/百户，均比 2010 年有所提高。金融、电信、电力、能源和政府等领域

的软件业务收入增势迅猛。信息技术对其他行业的渗透进一步深化，为改造并提升传统产业、促进工业节能减排、扶持中小企业发展及推动通信业转型发展等发挥了积极作用。

（四）全球产业大国地位不断凸显

2011 年，我国彩电、手机、计算机等主要电子产品产量占全球出货量的比重分别达到 48.8%、70.6%和 90.6%，均名列世界第一，软件业收入占全球软件企业收入的比重超过 15%。我国电子信息产业的国际地位不断提高。

二、产业规模持续扩大，结构调整扎实推进

（一）产业规模稳步增长

2011 年，我国电子信息产业实现销售收入 9.3 万亿元，增幅超过 20%。其中，规模以上制造业实现收入 74909 亿元，同比增长 17.1%；软件业实现收入 18468 亿元（快报数据），比 2010 年增长 35.9%。规模以上电子信息制造业实现销售产值 75445 亿元，同比增长 21.1%。其中，手机、计算机、彩电、集成电路等主要产品产量分别达到 11.3 亿部、3.2 亿台、1.2 亿台和 719.6 亿块，同比增长 13.5%、30.3%、3.4%和 10.3%。

（二）经济效益波动明显

2011 年，规模以上电子信息制造业实现主营业务收入 74909 亿元，同比增长 17.1%；实现利润总额 3300 亿元，同比增长 16.8%。行业销售利润率为 4.4%，与 2010 年基本持平；全年有 6 个月份的利润呈下降态势，波动较为明显。行业主营业务成本占主营业务收入的比重达到 88.7%，比 2010 年提高 0.6 个百分点。行业中亏损企业 2497 个，同比增长 36.7%，企业亏损面达 16.6%，亏损企业亏损额同比增长 52.9%。

（三）外贸增速逐步趋稳

2011 年，电子信息产品进出口增速呈前高后低的态势，全年进出口总额达到 11292.3 亿美元，同比增长 11.5%，占全国外贸总额的 31.0%。其中，出口 6612.0 亿美元，同比增长 11.9%，增速比 2010

年同期下滑 17.4 个百分点，占全国外贸出口额的 34.8%；进口 4680.3 亿美元，同比增长 11.0%，增速比 2010 年同期下降 23.0 个百分点，占全国外贸进口额的 26.8%。出口额前 3 位的产品为：笔记本电脑（计算机）1058.8 亿美元，增长 11.1%；手机 627.6 亿美元，增长 34.3%；集成电路 325.7 亿美元，增长 11.4%。

（四）投资保持快速增长

2011 年 1 到 11 月，电子信息产业 500 万元以上项目完成固定资产投资 8183 亿元，同比增长 56%，高于工业投资 29.2 个百分点。其中，电池行业完成投资达 1505 亿元，占全行业投资比重的 18.4%，同比增长 111.7%，成为电子信息产业中投资最密集、增长最快的领域。同期，电子信息产业新开工项目 6523 个，同比增长 59.1%，扭转了去年同期的下滑局面。其中，电子元器件、信息机电和信息化学品制造行业新开工项目数增长均超过 55%，在数量上占全行业的 70%。

（五）结构调整不断深化

1. 软硬件比例趋于合理，行业结构不断改善

2011 年，我国电子信息产业中软件业收入比重接近 20%，与 2010 年（17.5%）相比有明显提高。在制造业中，随着新型显示器件、LED 产品、光伏产品等领域的快速发展，电子元器件和电子材料行业收入比重达到 36.7%，比 2010 年提高 1.2 个百分点。在软件业中，服务化趋势明显，信息技术咨询服务以及数据处理和运营服务分别实现收入 1864 亿元和 3028 亿元，所占比重分别达到 10.1%和 16.4%，比 2010 年提高 0.7 和 1.1 个百分点。

2. 内销市场稳步增长，产业对外依存度下降

2011 年，规模以上电子信息制造业实现内销产值 34165 亿元，同比增长 31.0%，比行业销售产值增速和出口交货值增速高 9.9 和 17.1 个百分点。电子制造业对外依存度（54.7%）比上年下降 3.5 个百分点。

3. 内资企业快速发展，本土企业实力增强

2011 年，规模以上电子信息制造业中内资企业销售产值、出口交货值增速分别达到 31.1%和 16.4%，高出行业平均水平 10.0 和 2.5 个百分点。内资企业经营水平不断提高，销售利润率达到 6.6%，高

出行业平均水平 2.2 个百分点。

4. 产业转移步伐加快，区域结构持续优化

2011 年，中、西部地区规模以上电子信息制造业销售产值增长 63.1%和 74.3%，高出全国平均水平 42 和 53.2 个百分点；两个地区实现出口交货值增长均超过 110%。东部地区电子信息制造业销售产值和出口交货值分别增长 15.9%和 9.1%，比全国平均水平分别低 5.2 和 4.8 个百分点，产业在东部地区的销售产值和出口交货值比重（84.6%和 91.5%）比 2010 年同期下降 3.8 和 4.0 个百分点。

5. 外贸结构继续调整，抵御风险能力增强

2011 年，在我国电子信息产品出口中：一般贸易出口额达 1194.7 亿美元，同比增长 22.3%，比重达到 18.1%，较 2010 年提高 1.6 个百分点；内资企业出口额达 1237.7 亿美元，比重达 18.7%，比 2010 年提高 0.8 个百分点；前 10 位出口对象所占比重 72.3%，比 2010 年下降 0.3 个百分点；出口前 5 位省市所占比重 84.9%，比 2010 年下降 2.2 个百分点。

（六）科研创新成果显著

截至 2011 年年底，全国信息技术领域专利申请总量达到 136.4 万件，占工业行业专利申请量的 35.7%，比 2010 年增加 22.95 万件，同比增长 20.2%。信息技术领域专利申请总量和新增量在各工业行业中均居于首位。产业内领军企业华为和中兴的专利申请量分别达到 3.04 万件和 2.48 万件，明显领先于其他企业。在 2011 年度国家科学技术奖励大会上，武汉邮电科学研究院、海尔集团和华为技术有限公司等多家企业荣获国家科学技术进步奖，他们在新型显示技术、移动宽带、光通信等多个领域取得新突破，为促进产业结构调整、推进产学研体系健康发展发挥了积极作用。

在当前的产业运行中，也存在一些问题和矛盾，需要引起重视并及时采取应对措施。一是自主创新不足、缺乏核心技术，产业发展受制于人。二是国内成本优势正在逐步削弱，原材料价格、用工成本持续走高，人民币面临的升值压力将加大，沿海地区土地日趋紧张，传统的制造业基地地位面临挑战。三是行业发展秩序仍待规范，部分领域重复建设现象明显，价格战等低端竞争形式依然存在，产品质量和售后服务问题仍较突出。

下一阶段，国际经济环境复杂严峻，国内经济发展中不平衡、不协调、不可持续的矛盾和问题仍很突出。产业发展面临着国际市场需求疲软、贸易保护主义愈演愈烈、世界范围内信息技术产业竞争加剧等挑战，但同时也具有国内市场稳步增长、信息化建设全面深化、产业结构持续调整等积极因素，预计2012年产业发展增速将与2011年基本持平。我们不但要看到诸多有利条件、坚定发展的信心，而且要充分估计形势的复杂性和严峻性，切实增强危机意识和忧患意识，做好应对更大困难和挑战的准备。

表1-1列出了2011年电子信息产业主要指标完成情况。

图1-1～图1-7列出了电子信息产业发展的一些情况。

表1-1　2011年电子信息产业主要指标完成情况

	单位	2011年	增速
规模以上电子信息制造业			
主营业务收入	亿元	74909	17.1%
利润总额	亿元	3300	16.8%
税金总额	亿元	1245	31.0%
从业人员	万人	940	6.8%
固定资产投资	亿元	8183	56.0%
电子信息产品进出口总额	亿美元	11292.3	11.5%
出口额	亿美元	6612.0	11.9%
进口额	亿美元	4680.3	11.0%
软件业			
软件业收入	亿元	18468	35.9%
主要产品产量			
手机	万部	113257.6	13.5%
微型计算机	万台	32036.7	30.3%
彩色电视机	万台	12231.4	3.4%
集成电路	亿块	719.6	10.3%
程控交换机	万线	3034.0	−3.2%

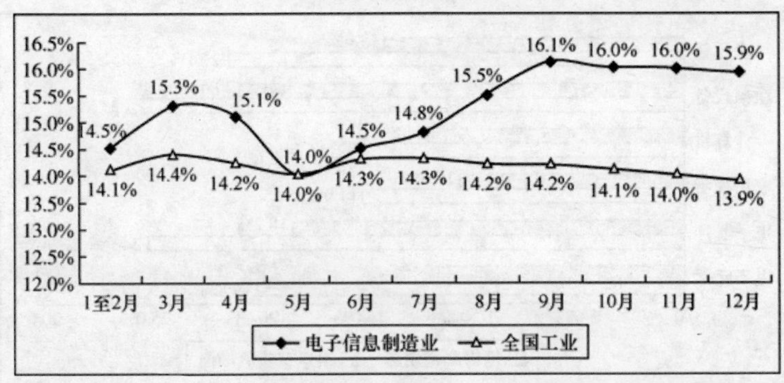

图 1-1 2011 年电子信息制造业与全国工业增加值累计增速对比

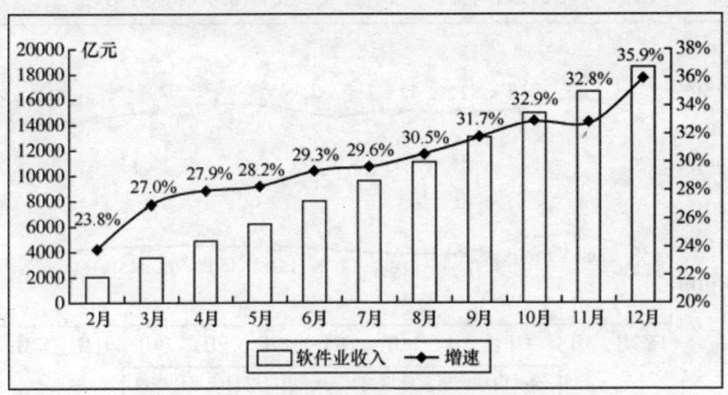

图 1-2 2011 年软件业累计收入完成情况

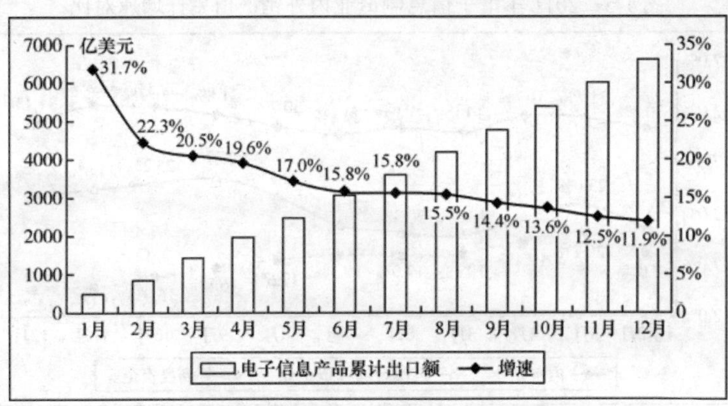

图 1-3 2011 年电子信息产品累计出口额情况

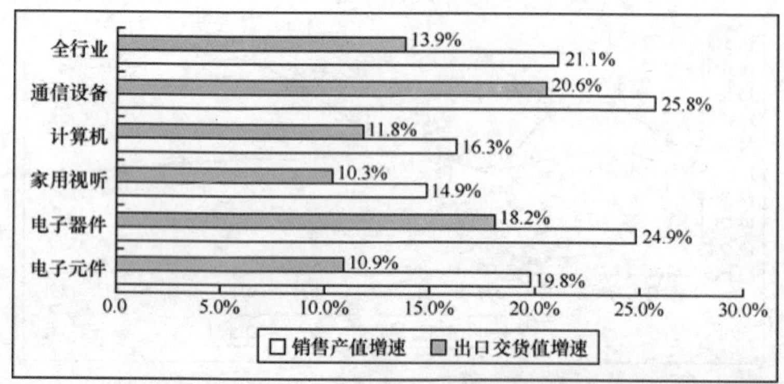

图 1-4　2011 年电子信息制造业主要行业发展态势对比

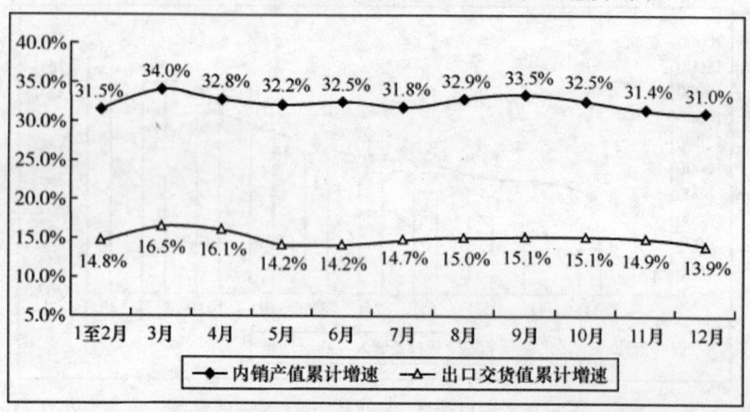

图 1-5　2011 年电子信息制造业内外销产值累计增速对比

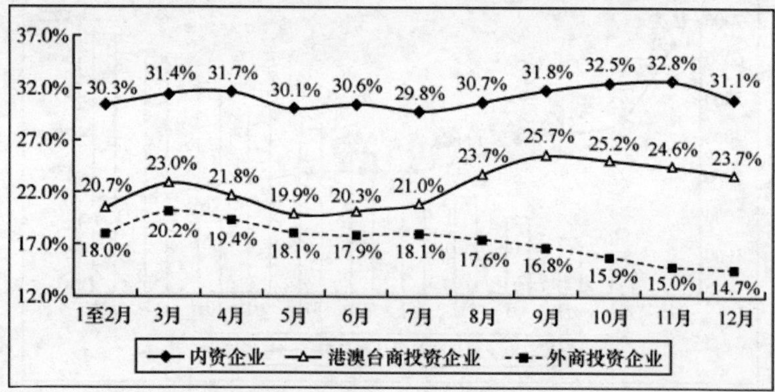

图 1-6　2011 年电子信息制造业不同性质企业销售产值累计增速对比

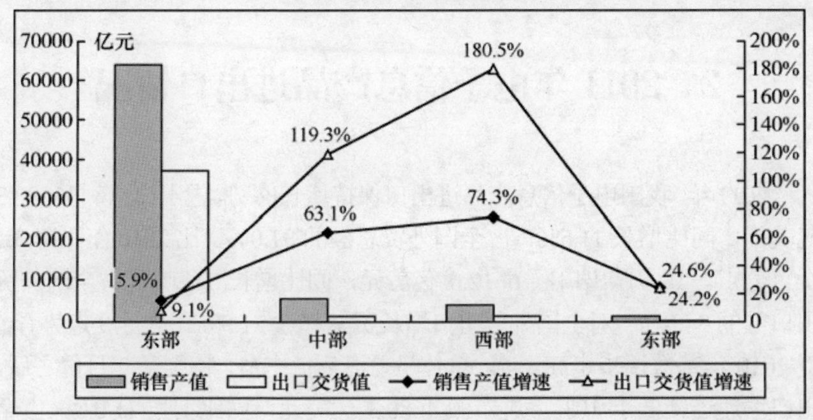

图 1-7　2011 年东、中、西、东北部电子信息制造业发展态势对比

来源：工业和信息化部运行监测协调局

2 2011 年电子信息产品进出口情况

2011 年，我国电子信息产品进出口保持增长态势，进出口总额 11292.3 亿美元，同比增长 11.5%，占全国外贸总额的 31.0%，比 2010 年下降 3.1 个百分点。其中，出口额 6612.0 亿美元，同比增长 11.9%，占全国外贸出口额的 34.8%，对全国外贸出口增长贡献率达 21.9%。从月度走势看，受 2010 年基数逐步走高影响，总体呈前高后低态势，特别是 9 月份之后，出口增速连续低于 10%；进口额 4680.3 亿美元，同比增长 11.0%，占全国外贸进口额的 26.8%，对全国外贸进口增长的贡献率为 13.3%。

一、基础行业出口相对平稳，整机行业出口增势不一

2011 年，电子元件、电子器件行业出口增长相对平稳，出口额分别达到 881.4 亿美元和 757.0 亿美元，同比增长 15.3%和 11.0%，增速均在 10%以上。在整机行业中，家电与计算机行业出口增长缓慢，出口额分别为 946.2 亿美元和 2293.9 亿美元，同比增长 7.9%和 5.6%，增速比全行业平均水平低 4.0 和 6.3 个百分点；通信设备行业保持较快增长，出口额 1300.2 亿美元，同比增长 26.6%，增速高出全行业平均水平 14.7 个百分点。出口金额前 3 名产品为：笔记本电脑 1058.8 亿美元，增长 11.1%；手机 627.6 亿美元，增长 34.3%；集成电路 325.7 亿美元，增长 11.4%。

进口方面，电子元件、器件和计算机产品仍占主要地位。全年，电子元件产品进口额 960.4 亿美元，增长 5.5%；电子器件产品进口额 1955.6 亿美元，同比增长 8.4%；计算机类产品进口额 602.3 亿美元，增长 2.1%。

二、对欧美发达经济体出口形势低迷，对新兴市场出口增长较快

2011 年下半年以来，由于欧美发达国家受各方面不利因素影响，经济增长缓慢，因此我国对欧美国家电子信息产品出口形势相对低迷：对美国和英国出口 1259.2 亿美元和 121.2 亿美元，同比增长 9.5%

和 0.7%，分别比平均水平低 2.4 和 11.2 个百分点；对德国、法国、波兰和西班牙等国出口呈下降态势，出口额分别为 279.7 亿美元、96.5 亿美元、40.7 亿美元和 38.2 亿美元，同比下降 1.6%、5.5%、4.9%和 16.0%。对亚洲地区和新兴市场出口增长较快：对中国香港地区出口电子信息产品 1597.5 亿美元，同比增长 15.5%；对日本出口额为 455.6 亿美元，同比增长 16.2%；对韩国出口额为 295.4 亿美元，同比增长 10.5%；对中国台湾地区出口额为 163.7 亿美元，同比增长 10.8%。此外，对巴西、俄罗斯等新兴市场国家出口快速增长，出口额分别为 101.5 亿美元和 79.0 亿美元，同比增长 17.0%和 23.4%。

从主要进口来源地看，国货复进口 967.0 亿美元，同比增长 15.5%；自韩国进口额 821.4 亿美元，同比增长 10.9%；自中国台湾地区进口 763.3 亿美元，同比增长 7.1%。列第四至第十位的国家和地区分别是：日本、马来西亚、美国、泰国、德国、菲律宾和新加坡。

三、一般贸易出口增长较快，加工贸易出口比重下降

2011 年，我国电子信息产品出口贸易方式、结构持续优化。全年，一般贸易出口额为 1194.7 亿美元，同比增长 22.3%，增速比行业平均水平高 10.4 个百分点，占行业比重（18.1%）比去年同期提高 1.6 个百分点。来、进料加工贸易出口额分别为 500.6 亿美元和 4492.1 亿美元，同比增长−12.4%和 11.7%，增速比行业平均水平低 24.3 和 0.2 个百分点；加工贸易出口比重为 75.5%，比去年同期下降 2.2 个百分点。

进口方面，进料加工贸易进口额为 2149.8 亿美元，同比增长 14.8%，占比 45.9%；来料加工贸易进口额为 445.2 亿美元，同比下降 17.1%，占比 9.5%；一般贸易进口额为 1114.7 亿美元，同比增长 17.0%，占比 23.8%。

四、外资企业出口增速相对缓慢，内资企业出口比重提升

2011 年，外商独资企业出口额为 4290.4 亿美元，增长 12.2%；中外合资企业出口额为 1022.2 亿美元，增长 5.4%，增速比平均水平低 6.5 个百分点；中外合作企业出口额为 61.6 亿美元，增长 7.5%，增速比平均水平低 4.4 个百分点。内资企业出口额为 1237.7 亿美元，

比重达到 18.7%，比去年同期提高 0.8 个百分点。其中，民营企业出口增势突出，出口额为 693.2 亿美元，同比增长 33.2%，高出出口平均增速 21.3 个百分点。

进口方面，外商独资企业进口额为 2935.3 亿美元，同比增长 9.4%；中外合资企业进口额为 741.4 亿美元，同比增长 8.6%；中外合作企业进口额为 9.5 亿美元，同比下滑 22.7%；民营、国有和集体企业进口额分别为 569.4 亿美元、382.0 亿美元和 42.3 亿美元，同比增长 34.7%、5.5%和−17.6%。

五、东部地区出口增速差别较大，部分中西部省市增长较快

2011 年，电子产品出口额位于前 5 位的省市为广东、江苏、上海、浙江和山东，出口额分别为 2727.6 亿美元、1417.6 亿美元、1005.7 亿美元、248.0 亿美元和 211.8 亿美元，同比增长 13.5%、3.2%、9.7%、10.7%和−7.6%。广东出口增长相对突出，其余四省市出口增速低于全国平均水平。中西部一些省市电子信息产品出口增势突出，其中重庆、河南、四川同比分别增长 646.8%、724.5%和 193.8%。

电子信息产品进口额前 5 位省市为广东、江苏、上海、北京、天津，进口额分别达到 1843.4 亿美元、942.7 亿美元、760.1 亿美元、214.8 亿美元和 169.5 亿美元。

图 2-1～图 2-3 列出了 2011 年我国电子信息产品出口的一些情况，供参考。

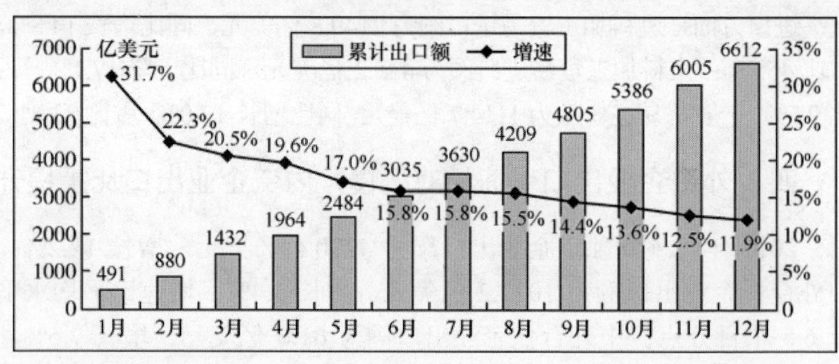

图 2-1　2011 年 1 至 12 月我国电子信息产品累计出口情况

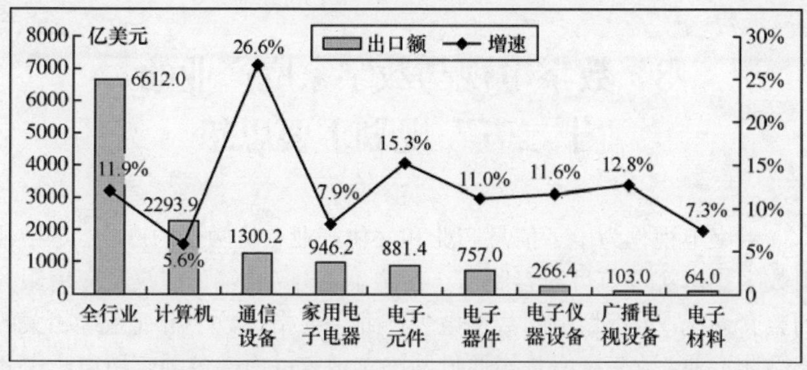

图 2-2 2011 年各行业出口情况对比

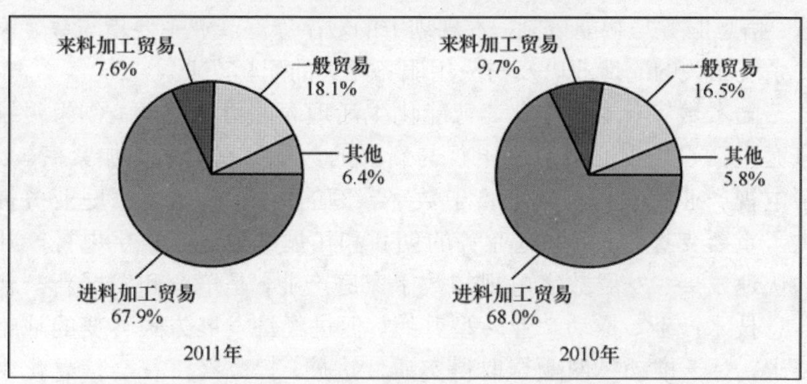

图 2-3 2011 年与 2010 年电子信息产品出口贸易方式、结构对比

来源：工业和信息化部运行监测协调局

3　数字电视与数字家庭产业的“十二五”规划主要思想

数字电视作为电子信息产业和文化产业有机融合的产物，是指采用数字技术实现节目内容制作、存储、播出、传输、接收及应用服务的整套系统，本规划中的数字电视产业主要指与数字电视系统相关的产品制造业。数字家庭是指通过网络实现家庭内部各种家用电子电器产品之间及其与外部的互联互通，使家庭成员能够便捷地实现互动娱乐、信息服务与智能控制，本规划中的数字家庭产业主要指与数字家庭系统相关的制造业以及与应用服务相关的配套产业。

随着数字化、网络化、智能化生活理念的日益普及，作为传统家庭生活娱乐中心的数字电视与新兴的数字家庭关系更加紧密。数字电视产业的发展极大丰富了数字家庭的内涵，为数字家庭业务提供了重要支撑，数字家庭业务的创新和拓展则促进了数字电视产业的快速发展。发展数字电视与数字家庭产业，是培育和发展新一代信息技术产业、推动产业转型升级、促进经济发展方式转变的战略要求，对于推动三网融合取得实质性进展、提高经济社会信息化水平、提升人民生活品质、促进国民经济长期平稳较快发展具有重要意义。

按照《工业转型升级“十二五”规划》、《信息产业“十二五”发展规划》、《电子信息制造业“十二五”发展规划》的总体部署和要求，依据部门职责分工，制定本规划，用以指导未来 5 年我国数字电视和数字家庭产业的发展。

一、“十一五”发展回顾

“十一五”时期，虽然经历了国际金融危机，但随着《电子信息产业调整和振兴规划》的实施以及家电下乡、家电以旧换新等一揽子刺激内需政策的落实，我国数字电视与数字家庭产业仍然取得了较快发展，产业转型和结构调整取得阶段性成果，技术研发与应用实现重大突破，自主品牌竞争力逐步增强，国际化步伐显著加快，基本实现了“十一五”的预期目标。

（一）数字电视产业规模稳步增长，产业转型与结构调整初见成效

从 2006 年到 2010 年，以数字电视为主的视听产业销售收入从 3967 亿元增长到 10039 亿元，工业增加值率从 17.4%提升到 21%。其中，2010 年我国彩电产量为 1.18 亿台，占全球彩电总产量的 49%；数字电视机顶盒产量为 1.23 亿台，占全球机顶盒产量的 76.6%，全球制造大国地位进一步得到巩固。产业数字化、平板化、绿色化发展成效显著，平板电视比重从 25%提高到 79%，节能发光二极管（LED）背光电视 2010 年占比达到 18%。平板显示产业链逐步完善，高世代薄膜晶体管液晶显示器（TFT-LCD）面板及模组、多面取等离子显示屏（PDP）面板规模化生产技术取得重大进展。

（二）数字家庭技术与应用取得进展，以应用促发展局面初步形成

以数字电视应用为中心、面向三网融合的数字家庭产业初步形成。“闪联”、“e 家佳”和“广联”等各具特色的数字家庭标准组织相继组建，自主技术标准的国际化及推广应用取得重大进展。构建了包括数字家庭网络运营、数字家庭智能终端、数字化家用电子产品制造、面向三网融合的数字家庭内容服务在内的技术链，产品涵盖消费电子、通信、安防、建筑、网络运营、内容服务等众多行业。广州、杭州、武汉、青岛、长沙等城市的数字家庭研发与应用示范步伐加快，部省共建广东国家数字家庭应用示范产业基地建设初显成效。以互动娱乐、智能家居、信息服务为代表的面向三网融合的数字家庭业务应用创新取得较大进展。

（三）以企业为主体的技术创新能力增强，标准体系建设取得较大进展

数字电视新型显示器件与材料、数字电视系统级芯片（SOC）、数字电视中间件、大容量光存储等新技术和新应用不断取得突破，相继推出了 LED 背光电视、互联网电视、三维电视、智能电视等新产品。产业链不断完善，多条液晶电视模组整机一体化生产线已实现量产。以地面数字电视传输标准（DTMB）、数字视频编解码标准（AVS）、数字音频编解码标准（DRA）、中国蓝光光盘格式标准（CBHD）、数字接口内容保护标准（UCPS）为代表的自主知识产权技术标准体系已经形成。其中 DTMB 已经取得国际电信联盟（ITU）地面数字电视 D 系统代号，AVS 成为国际主流视频编解码标准之一，DRA 成为蓝光高清视盘国际联盟可选标准，“闪联”、“e 家佳”标准分别被国际标准化组织（ISO）和国际电工委员会（IEC）发布为国际标准。

（四）产业区域发展辐射作用明显，骨干企业综合实力进一步提升

初步形成了北京辐射圈、长三角地区、珠三角地区、环渤海地区、海西经济区、成渝地区等各具特色的数字电视及数字家庭产业集聚区，产业集聚及辐射带动作用明显。海尔、海信、长虹、TCL、创维、康佳等企业均进入电子信息百强前 20 名，年营业收入超过百亿元。这些企业通过家电下乡、家电以旧换新等拉动内需政策，进一步巩固了市场优势地位，整体竞争力和国际影响力不断攀升。2010 年，海信、海尔、TCL、长虹、创维、康佳、厦华 7 家企业的彩电产量占国内彩电总产量的 49%，产业集中度进一步提升。

（五）产业国际化步伐加快，自主标准国际化应用取得重大突破

“十一五”期间累计出口彩电 26664 万台，出口额 523.7 亿美元，出口量占总销售量的 58.6%。中国成为全球机顶盒的制造中心，占全球总销售量的 70%以上。企业在坚持开拓传统市场的基础上，进一步向新兴市场进军，并通过发展自主品牌，实现了从单一产品出口向全面“走出去”的转变，海信、海尔、TCL、长虹、创维、康佳、厦华等整机企业在欧洲、东盟、南非等国家和地区开始建立研、产、销机构，自主品牌的国际影响力不断提升。我国地面数字电视传输标准国际化应用取得突破性进展，已经在柬埔寨、老挝等国家和地区得到应用，并带动了相关技术、产品及系统的国际推广。

尽管“十一五”期间我国数字电视产业发展取得较大成绩，数字家庭技术研发和产业应用取得较大进展，但仍然面临诸多问题：彩电业转型升级与配套核心器件缺失的矛盾依然存在；企业的技术能力积累不足，难以适应核心技术快速发展的需要；文化体制改革有待进一步深化，与产业支撑的协调性有待进一步增强。

二、“十二五”面临的形势

（一）宏观环境促进产业转型

我国经济发展方式将逐步从主要依靠投资、出口拉动向依靠消费、投资、出口协调拉动转变。工业化和信息化深度融合、战略性新兴产业积极培育、数字电视和三网融合政策进一步贯彻落实，将为数字电视和数字家庭产业的发展提供有力支持。绿色环保、低碳节能作为数字电视与数字家庭产业转型升级的重要方向，是产业可持续性发展的内在要求。

（二）消费升级助推产业发展

“工业化、信息化、城镇化、市场化、国际化”五化并举，产品更新换代加速，城市化带动城市家庭数量快速增加，居民对精神文化需求日益增长，数字家庭娱乐、智能家居、远程教育、社区服务等发展势头迅猛，内需市场的扩大将为数字电视与数字家庭产业发展提供强大的内需动力。

（三）技术进步促进转型升级

从新一代信息技术为代表的战略性新兴产业的蓬勃发展，以网络化、智能化、绿色环保为特征的科技进步，下一代互联网、下一代广播电视网、物联网、云计算、新一代显示、人机交互、内容保护与可信安全等新技术的广泛应用，以融合创新为特征的新型产品和服务形态，将为数字电视和数字家庭产业转型升级注入新的活力，形成新的增长点。

（四）发展模式发生重大变革

“4C”（计算机、通信、消费电子、内容）融合的不断推进，将促进产业从单纯整机生产向上游高附加值领域延伸，从产品制造向内容服务、运营服务和生产服务等领域渗透。产业集群正加速从成本导向型向创新驱动型升级，生产与服务融合、软件与硬件融合的趋势愈加明显。

（五）投资环境继续保持宽松

良好的经济前景、稳定的政治环境、充裕的劳动力资源、庞大的消费市场等有利因素，使得我国仍然是全球最佳的产业转移地。宏观调控将促进投资结构的进一步优化，地方政府和民间投资持续跟进，将为数字电视及数字家庭产业发展营造宽松环境。

（六）国际市场面临新的形势

随着经济全球化进一步加强，区域/次区域经济合作深入发展，市场全球化进一步深化，以服务外包为核心的生产全球化体系将发生深刻变革。国际市场需求处于恢复期，不确定因素依然存在。发达国家提出重振制造业，国际贸易保护主义抬头，技术壁垒、反倾销、知识产权等问题依然突出，将影响我国企业国际市场竞争力的提升。

三、指导思想、发展原则及目标

（一）指导思想

以科学发展为主题，以加快转变发展方式为主线，以推动产业结构调整和转型升级为主攻方向，全面提升自主创新能力，统筹规划产业布局，打造完整的技术链和产业链；创新体制机制，以市场需求为牵引，以应用服务为导向，支持制造业与运营业的互动融合，推动应用，促进产业发展；健全公共服务，发挥第三方服务的主体作用，结合产业集聚地区资源优势，推动公共服务体系的专业化、网络化和一体化建设。促进数字电视与数字家庭产业发展方式向创新驱动型、资源节约型、环境友好型转变，全面提升产业核心竞争力。

（二）发展原则

坚持创新发展。以关键技术创新和发展模式创新为突破口，以自主技术标准应用带动产业集聚发展。

坚持应用促发展。以需求为导向，通过应用示范，推动新产品、新业务、新业态和新服务的快速发展。

坚持协调发展。推动产业链上下游协同发展，制造与运营融合，利用国内、国际两个市场资源，优化产业发展环境。

坚持绿色发展。秉承节能减排、绿色环保的理念，产品设计生态化，产品制造绿色化，推动产业向节能环保转变。

（三）发展目标

1. 产业规模

未来 5 年，数字电视产业销售收入保持平稳较快增长，数字家庭应用规模不断扩大，力争在“十二五”末使我国成为全球最大的数字电视整机和关键件开发、生产基地，主要产品产量和质量水平位居世界前列。到 2015 年，以数字电视和数字家庭为主的视听产业销售产值比 2010 年翻番，达到 2 万亿元，出口额达到 1000 亿美元，工业增加值率达到 25%。

2. 产业结构

产业结构进一步优化，在平板显示、机顶盒、芯片设计制造等领域的技术和产品层次大幅提升，自给率不断提高，管理水平和竞争能力有较大提升，初步形成相对完整的配套体系，形成研发、生产、应用、服务“四位一体”的产业体系；平板电视占彩电产量比重达到 95%以上；数字家庭产业链逐步健全，多业务数字内容服务形成规模。

3. 产业布局

形成一批产、学、研、用相结合，规模效应和产业链配套协作水平较高，以完善的产业服务体系为支撑的产业集群，以及一批效益突出、竞争力强的优势企业；推动建成 5～10 个应用特色鲜明、持续创新能力强、引领带动作用显著的国家级数字家庭应用示范产业基地；培育 2～3 个具有国际竞争力、年销售收入突破千亿元的领军企业，为做大做强信息产业提供有力支撑。

4. 自主创新

自主创新能力明显提高，形成以企业为主体的创新体系，培育一批具有较强自主创新能力、拥有自主知识产权的企业；掌握数字电视和数字家庭核心技术，建立健全数字电视和数字家庭国家标准体系，新一代数字电视技术标准研究取得突破，提升对技术标准、产业发展方向、产品升级的话语权；推动国家地面数字电视传输标准成为国际标准，国际化应用取得重大进展。

四、主要任务与发展重点

（一）主要任务

1. 突破核心关键技术

在数字电视 SOC、嵌入式操作系统、中间件、人机交互、新型显示、模组驱动和控制、终端设备的内容保护与可信安全等领域掌握关键技术，在先进的数字电视传输、音视频编解码、面向数字家庭的互联互通与服务协同等技术上力争获得突破。

2. 打造完整产业链条

以大型骨干企业为龙头，完善大型企业与中小企业互动协作格局，打造完整产业链；横向联合网络运营商、内容提供商、系统集成商等相关机构，加强特色应用和服务，推进整个行业从单纯的制造向“制造+服务”延伸。

3. 推进应用模式创新

发展具有“三网融合+高清互动+智能控制”功能的新型数字家庭系统，不断培育开放、融合的业务形态和应用环境，形成可持续发展的商业模式。

4. 发展绿色优质产品

推广绿色生态设计、绿色制造、节能和环境友好材料的应用，加大彩电、音响等行业的能效标准执行力度，促进产业节能环保技术与国际接轨；推动企业强化质量管理，促进产品质量水平提高。

5. 实施知识产权战略

按照“共性整合、个性兼容”的总体思路，进一步完善具有我国自主知识产权的标准体系，搭建标准应用产业化的支撑平台；积极参与国际标准的研究制定，推进自主技术标准成为国际标准，提升我国企业在国际市场上的话语权。

6. 开拓国内和国际市场

推动骨干企业建立多渠道营销和服务平台，拓展服务内容，提升服务质量，满足用户消费需求。加强国际战略合作，开拓新兴市场，推动自主技术标准国内外推广应用，进一步提升自主品牌的国际影响力。

（二）发展重点

1. 数字电视终端设备

密切跟踪网络化、智能化发展趋势，加快数字电视软硬件产品升级及关键标准研制，推进三维电视、智能电视嵌入式软件系统、超高清电视系统的研发与应用，支持数字电视终端安全系统的研发与应用。加快新型显示技术在电视终端中的应用，支持 LED 背光源液晶电视、节能型 PDP 电视、大尺寸有机发光二极管（OLED）显示屏电视研发与产业化。发展基于地面、卫星、有线、IP 网络等传输方式的数字电视终端以及移动多媒体电视，满足广播电视发展的多样化需求。推进高清晰三维投影、短焦投影、便携式微型投影和激光投影等产品的研发与产业化。

2. 数字电视广播前端设备

以提升自主研发产品竞争力为目标，加大对数字电视和数字广播制作设备、演播室设备、播出设备、发射设备等前端设备研发与产业化的支持力度，积极引导基于 AVS、DRA 等自主技术标准的数字电视前端设备的研发及应用；面向高清电视、三维电视、移动电视、数字电影等领域发展需求，大力发展摄像、录制、编辑、存储、播放等设备。

3. 数字家庭设备

充分发挥地方政府引导和骨干企业的主体作用，建设数字家庭产业应用示范基地，推动产业集聚发展。支持终端厂商与网络运营商、内容提供商、系统集成商等联合，研发并推广新型信息终端、桥接设备、多业务网关、智能感知与控制设备，以及网络侧的应用云平台等产品，推动多屏融合，互联互通，智能控制的数字娱乐、数字教育、数字健康、智能家居等业务系统的研发和产业化。

4. 音响光盘设备

提升音响产品质量、品牌影响力和工业设计水平，推进音响产品时尚化、精品化、特色化。大力发展高保真和超薄音响器件与系统、高保真音源产品、专业数字音响系统。推动光盘产业加快转型升级，支持全息（TB 级）大容量、可刻录、三维播放、高保真的新一代光盘研发及产业化。

5. 视频应用系统

面向“平安城市”、数字社区、数字家庭等方面以及银行、交通等行业应用领域，大力发展智能化、网络化视频监控设备，推进高清、宽动态、低照度、无线视频监控网络摄像设备以及大容量、高压缩、智能分析的监控后端系统和云存储系统的研发及产业化。

6. 应用服务平台

面向数字家庭多样化用户需求，充分运用云计算、物联网等技术，推动跨平台、跨领域的数字内容服务平台和综合性数字应用平台的开发和建设，支持在线用户服务、远程医疗、远程教育、动漫游戏、资讯信息等业务系统及应用程序商店等平台的开发与应用，实现三屏（电视屏幕、手机屏幕、计算机屏幕）互动与三屏融合以及内容保护等功能。

五、重大工程

（一）彩电业转型升级专项工程

推进彩电整机企业向芯片、软件、背光、模组、面板等上游领域延伸，支持国家规划布局内的高世代 TFT-LCD、PDP、新型 OLED 面板生产线建设及其配套产业建设，支持彩电产业配套的核心芯片、软件、关键器件、一体化模组、专用设备研发及产业化。推动产业向网络化、智能化和节能环保等方向发展，支持三维电视、智能电视、超高清电视及交互式软件平台的研发和应用。鼓励彩电企业进行商业模式、服务模式创新，支持彩电终端产品与内容服务融合发展。

（二）地面数字电视接收设备普及专项工程

结合国家数字电视整体转换进程，制定普及地面数字电视接收设备的实施意见，引导和支持企业推动地面数字电视接收设备的普及，加快实施和宣贯地面数字电视配套技术标准，进一步完善地面数字电视配套技术标准体系，开展地面数字电视终端产品标准符合性检测，推进地面数字电视接收设备的普及。支持地面数字电视演进技术的研发和应用，进一步推动地面数字电视国家标准的国内外应用。

（三）整机与芯片、器件、软件联动工程

鼓励和支持掌握自主核心技术的芯片、器件、软件研发与生产企业和整机企业间的联合与合作；加强产、学、研、用结合的创新体系建设；以数字电视和数字家庭领域的先导应用和典型应用为引领，实施重大专项，实现以重大工程带动芯片研发与应用的突破。推动整机企业联合芯片、软件企业，共同开展技术研发，建立从芯片、器件、软件、整机、系统到应用的产业生态环境，形成“整机带动芯片技术进步，芯片提升整机系统竞争力”的良性循环。

（四）面向三网融合的数字家庭应用示范工程

充分发挥地方政府引导和骨干企业的主体作用，重点开发面向三网融合的多媒体智能终端等产品以及配套的芯片、关键元器件和软件。推动终端厂商与网络运营商、内容提供商、系统集成商等联合，共同开发数字家庭应用集成平台和业务支撑平台。实施数字家庭标准体系建设、核心芯片开发、内容服务平台建设等工程，建设面向三网融合的数字家庭应用示范区，推动自主技术标准的规模应用。

（五）公共服务体系建设工程

充分发挥市场配置资源的基础性作用，加快实施数字电视和数字家庭领域公共服务体系建设，着力推进技术标准公共服务平台、专利和知识产权公共服务平台、家电售后维修服务公共服务平台、技术交流与成果推广应用公共服务平台的建设。推动公共服务体系的专业化、网络化和一体化建设，形成覆盖全国、资源共享、互联互通、高效便捷的公共服务网络。

六、政策措施

（一）完善产业政策体系，优化产业发展环境

加快落实《国务院关于加快培育和发展战略性新兴产业的决定》（国发[2010]32 号），进一步贯彻落实国务院《关于鼓励数字电视产业发展的若干政策》（国办发[2008]1 号）文件精神，继续执行和完善彩电业转型升级相关政策，推动实施地面数字电视普及意见，完善配套

标准和产品认证体系，推进节能环保相关产业政策的落实。研究制定和推动实施家电下乡、家电以旧换新后续政策措施，建设并完善家电售后维修服务体系。

（二）用好财政支持手段，提升产业创新能力

充分发挥电子信息产业发展基金、国家科技重大专项等引导作用，加大在核心技术、关键原材料、核心部件和设备方面的投入力度，支持产业自主创新。通过政策引导、制度创新，推动建立政府导向的产业投资基金，发挥财政资金对社会资金的带动作用，创造有利于产业发展的投、融资环境。

（三）加强协调与合作，促进产业良性互动

坚持运营业务拓展带动终端制造业发展、终端创新促进运营业务变革的发展思路，继续加强部委之间、部省之间的协调和联动，重点加强产业链各环节间的衔接以及运营机制的协调，推进制造业和运营业的融合发展。

（四）统筹规划产业布局，促进区域协调发展

统筹规划，合理布局，充分发挥地方政府积极性和骨干企业的主体作用，进一步推动现有平板显示产业区域的协调发展；在产业基础较集中区域，引导、支持建设数字家庭产业基地，推动产业集聚发展。

（五）抓好重点人才建设，健全专家咨询机制

充分发挥高校、国家工程中心、国家重点实验室以及企业研发部门等科研机构的人才优势，实施重人才建设工程；不断完善数字电视与数字家庭领域的专家人才库；充分发挥数字视听专家委员会的作用，为产业可持续发展提供咨询指导。

（六）构建应用创新体系，促进产业融合发展

抓住三网融合机遇，探索机制创新，促进产业、网络和业务的融合和发展。进一步加强与地方的联系，完善与地方共建工作机制，开展面向三网融合的数字家庭应用示范，促进三网融合取得实质性进展。

（七）推进国际合作战略，拓展海外新兴市场

继续实施“走出去”战略，巩固传统优势，开拓新兴市场。积极推进新型显示、节能环保、网络互联、智能终端等新兴产品的市场推广，适应国际市场需要，建立海外生产基地。继续推广自主技术标准的国际化应用，提升出口产品附加值，促进产业对外贸易方式的转变。

来源：工业和信息化部

4　2011 年视像行业回顾与展望

一、2011 年视像行业运行情况、特点、问题及困难

进入 21 世纪，一个以视像为核心、融合了众多产业的新经济浪潮正在全球范围内兴起，朝着随时、随地接收和显示大量多媒体信息的视像化时代方向发展。我国视像产业顺应时代发展潮流，进入以数字技术、平板显示、节能环保、产品与内容融合为发展契机的产业调整和转型升级新阶段。经过 10 多年的转变，构建出了视像产业持续发展的清晰战略路径。一条是显示技术持续不断的变革。显示技术将改变电视屏幕存在的方式，从 CRT 到平板显示，从 CCFL 到 LED 背光，从 2D 到 3D，从 LCD 到 OLED 及激光显示。另一条是 IT、电信、互联网技术和广电技术的融合所带来的电视功能扩张，数字电视从单向接收、交互电视、网络电视、智能电视到目前融入云技术，催生了新的技术领域和更广阔的产业门类。电视功能和应用会越来越丰富，电视变为智能显示终端。在形态上将具备大屏幕、高清晰度和高色彩还原的显示能力，具备各种流媒体资源的获取和兼容共享能力以及具备交互式服务的互动能力，成为三屏合一的多功能、多媒体、智能信息显示终端。同时，存在绿色制造、标准制造、应用驱动、融合发展等特征。新型显示技术和数字技术使彩电业从资源配置到市场需求与市场竞争等多个方面已成为典型的全球性产业。

（一）2011 年运行特点

1. 生产增速呈现前低后高，生产平稳低速运行

行业生产从 2011 年 2 月的负增长到 7 月开始正增长，从 2 月起分别为−11.7%、−7.3%、−3.8%、−1.4%、0.3%、3.2%、4.9%、5.5%、5.2 %、6.3%，3.4%。2011 年彩电总出货量 1.22 亿台，同比增长 3.4%，涨幅有所下降，占全球出货量 49.8%，内销市场占 21%。内销 5100 万台，同比增长 6.5%。（参见表 4-1 彩电行业 2011 年运行情况）

除少数企业以外，多数重点企业效益在2011年下半年扭亏为盈。创维2011财年全年盈利为11.74亿港币；TCL 2011年全年净利润15.5亿元～18亿元，同比大幅预增230%～280%；海信前三季度盈利8.7亿，盈利同比翻番；其他盈利企业的利润水平比2010年同期都有上升，盈利幅度15%～20%。盈利的主要原因在于下半年企业毛利率有较大提升和资金周转速度有所加快等。

表4-1为彩电行业2011年运行情况。

表4-1 彩电行业2011年运行情况

	全行业	增长	去年增长	LCD TV	增长	PDP TV	增长	CRT TV	增长
产量（万台）	12231.4	3.4%	16%	10298	15.2%	308	44.2%	1523	−39.4%
内销（万台）	5100	6.5%	16.1%	3920	10.5%	300	30.2%	700	−12.2%
出口（万台）	6538	−1.3%	21.6%	5394	4.8%	48.7	−1%	1089.7	−23.8%

2. 产品结构进一步调整

产品结构进一步调整，基本上过渡到平板化。平板电视占总产量比重是86.7%。等离子市场焕发生机，保持30%以上增长，等离子电视出口量、出口额分别下降1%和上升5.2%；CRT电视萎缩，出口量、出口额分别下降23.8%和22.5%；液晶电视出口量、出口额分别上升4.8%和下降7.1%。

3. 出口规模未达到预期

出口6538万台，同比下降1.37%（2010年为同比增长21.4%）；出口额为136.7亿美元，同比下跌7.8%；出口彩电单价从222.9美元/台跌至209.75美元/台（约合人民币1347元/台）。出口企业数量比较多，出口依然是支持彩电行业处于上升通道的重要力量和成为制约产业产销波动和不稳定性的因素。

4. 进口贸易增加

我国彩电产业呈“两头在外”的微利加工模式，平板显示产业工业体系尚处在建设期。平板电视以整机制造为主，产品60%出口，所用面板及面板生产上游材料和设备几乎全部依赖于进口。相比之下，日韩企业已具备较完善的产业链优势。液晶面板进口额2007年到2010年分别为407亿美元、441亿美元、349亿美元和468亿美元，显示板进口额仅次于IC、石油、铁砂，名列第四。

贸易从欧美转向我国的香港地区、台湾地区，东盟及新兴贸易地区。对台（我国台湾地区）贸易新地区，探索两岸供应链模式，争夺在国际市场主动权。从 2008 年我国大陆 8 家彩电企业采购我国台湾地区 TV 面板开始，采购量逐年增加。2008 年不足 1000 万片，采购额不足 20 亿美元；2009 到 2011 年采购量分别为 1740 万片、2240 万片、3000 万片，采购额分别为 34 亿美元、43 亿美元和 55 亿美元。采购面板的平均尺寸不断增大：2009 到 2011 年分别平均为 30.3 英寸、33.6 英寸、39.5 英寸（1 英寸 = 2.54cm）。

5. 国内外市场增速减缓，企业压力剧增

2011 年受发达国家需求疲软、经济复苏缓慢影响，北美市场增长仅 2%，欧洲和日本都出现负增长，西欧市场也较 2010 年减少 1.5%。加之新兴金砖市场处在开发阶段、全球通货膨胀等原因的影响，全球彩电市场增速减缓。国内通胀环境逐渐显现，政策的刺激效用减弱；受地产调控影响，楼市交易逐渐疲软，消费者对彩电等家电产品的需求也随之降低；商业模式跟不上细分市场变化，新品变化太快，消费者观望待购。市场需求增长仍低于预期的 10%，只有 4%。上游面板受到冲击，企业出现亏损。

国内市场增长机会集中在：平板电视在城市市场步入成熟期，相对饱和，需依靠高端新产品和商用市场拉动增长；农村市场将成为其增长的源动力。2011 年商用显示规模将达 400 亿元，同比增长近 20%。商用显示系统行业成为“十二五”应用发展的重点领域，已成为显示内需市场新的增长点。

40 英寸以上电视销量占总量的一半。产品外观朝“大”变化呈现一定趋势，参见表 4-2。

表 4-2　2007 到 2011 年不同尺寸电视销量占比变化

	2007 年	2008 年	2009 年	2010 年	2011 年
32 英寸以下	14%	16%	19%	20%	12%
32 英寸	37%	38%	31%	30%	32%
37 英寸	14%	10%	7%	7%	6%
40 英寸及以上	35%	37%	43%	44%	50%

6. 技术升级功能扩展速度加快，创新引领发展

节能环保、功能拓展、技术升级、产品融合成为行业趋势。新技术、新产品和新应用正在形成新增长点：一是能效等级标准的实施推动LED背光电视产量增长；二是3D电视成为继平板电视之后又一革命性技术；三是数字电视的功能扩展，催生新技术领域和产业门类。彩电行业技术进步周期缩短，LED背光液晶电视、3D电视、互联网及智能电视成为市场主流方向，拉动消费、提升市场活力。

7. 三大运行主体格局基本形成，竞争加激洗牌

中国彩电业三大阵营。一是在2011年市场竞争中处于主导地位的本土自主品牌阵营（一线的六大品牌和二线的厦华、熊猫、同方3个品牌），年生产量在5000万台水平。二是台资企业为代表的OEM/ODM阵营（以台资为主：冠捷、新奇美、仁宝、纬创、瑞轩、和硕、友达；二线：唯冠、歌林、广达等），年产量规模在6000万台水平，产品生产门类多（涵盖了手机、PC、NB、PAD、DC、TV等），企业年收入基本超过了本土彩电企业；台商代工拥有规模与布局优势，制造和设计能力、成本控制力极强，面向全球市场提供制造服务。三是外资品牌阵营（主要是韩国三星、LG，日本夏普、索尼、松下、先锋、东芝、三洋）已成功占领欧美市场，外资品牌具有强大的产业链调配和市场营销能力。

代工与外资的结合填平了中外品牌的洼地，内销是国产品牌安身立命之地，如何去占领国际80%市场成为企业的主要议题。价格竞争仍是主要的竞争形式。未来竞争不单纯是硬件之间的竞争，而将转变为以操作系统、内容、芯片、软件等为平台的运营模式之间的较量。国产彩电品牌不仅仅要与现有的彩电国际品牌竞争，还要与以苹果、谷歌、微软为代表的国际IT巨头争夺。代工企业还有仁宝、瑞轩、和硕、友达、唯冠、歌林、广达等未统计在内。

8. 转型升级进入巩固深化阶段，新旧矛盾并存

（1）在建面板项目建设加速

在建面板项目包括4条4.5代线、4条5代线、2条6代线、5条7.5代线（含）以上液晶面板线项目。中电熊猫的南京6代面板线投

产、京东方 8.5 代线正式投产、华星光电 8.5 代线也正式投产，进入爬坡和量产阶段，规划年产能分别为 1300 万片和 1400 万片；友达光电投入 7.96 亿美元持股 49%的昆山友达光电 8.5 代面板厂开工、三星苏州 7.5 代线开工。到 2012 年，中国大陆大尺寸 TFT-LCD 面板出货量有望占全球市场份额的 6.8%。

（2）长虹等离子屏生产线实现一期扩能，能力达到 300 万台

3 条等离子屏生产线及相关产业链配套项目取得进展；康宁、旭硝子 8.5 代 TFT-LCD 玻璃基板项目开工；有机发光显示器 AMOLED 吸引面板大厂纷纷投入。

（3）产业园区聚集格局形成

初步形成了北京辐射圈、长三角地区、珠三角地区、海西经济区、以成都为主的西部开发区等各具特色、分工合作、投资主体相对集中的产业园区聚集格局。企业新的运营和管理模式初步确立。

（4）彩电行业转型升级进入巩固深化阶段，新旧矛盾并存

五大旧矛盾依然存在：产销规模扩大与“两头在外”的微利加工模式的矛盾、技术快速发展与企业技术能力积累不足的矛盾、市场主体多元与环境市场监管没有到位的矛盾、体制改革滞后与产业快速发展的新旧体制的矛盾、市场需求增长与国际贸易保护多元化的矛盾。转型深化出现的新课题包括：内容服务创新和业务模式创新的难题，需求多元化与同一产业链多元化经营的矛盾，代工模式与发展自主品牌之间的矛盾，产业布局雷同与发展区域经济的矛盾，专利标准与市场保护的矛盾，节能环保与生态设计的矛盾，降价规律与增产不增效的矛盾。2011 年处在交织转折中，在前面两次产业转型时，国产品牌还很弱小，方方面面受制于人，在 4C 融合、三“屏”合一的趋势下，在彩电向智能电视升级的过程中，电视演变成家庭多媒体信息获取中心，从这个意义上说，数字化比平板化更重要，能够创造更广阔的市场空间，为实现差异化发展提供空间。接下来的市场竞争中不仅仅有现有的彩电国际品牌，还有苹果、谷歌、微软为代表的国际 IT 巨头，企业压力将巨大无比，同时还要遭遇强大的知识产权与节能环保新贸易壁垒压力。

9. 企业转变经济发展方式，经营管理能力明显提升

一是由低附加值产品向高附加值产品转型；二是制造业和软件业并举，在产业价值链、产业形态和商业模式方面进行调整，在贴近市场、降低成本、提高竞争力、未来战略储备、提高品牌效应的战略思路下，利用生产线进行代工生产电视产品，同时进入白电产业，形成“黑白配”的格局。目前，各企业电视主营收入占比厦华、创维、康佳、TCL、海信、长虹、熊猫、海尔分别为98%、88%、81.2%、40.35%、33.9%、27.75%、15.9%、10.4%。

国产品牌仍掌握内销市场主动权。由于全球平板电视终端需求疲软、面板价格下跌等原因，外资彩电品牌陷入了集体亏损的局面，同时外资品牌 2011 年频频爆出质量问题，因而上半年外资品牌份额跌至35%以下。相反，国产彩电在产品功能、外观设计和产品质量上均有了很大的进步，六大品牌国内外出货比例为 7:3；海外市场前 10 名中三星、LG、索尼、东芝、夏普、松下共占 63.7%。

企业并购重组、产业整合，推动从资产经营向资本运作发展。竞争主体从本土企业扩展到全球企业。行业发展中出现产业联盟成为企业竞争的新形态和骨干企业整合资源的新方式。

（二）行业经济运行制约因素

1. 全球经济运行不平衡，多种不利因素叠加，不确定因素增多

市场仍然缺乏一个明确的方向，需要等待。全球经济环境恶化，欧债危机加重，美国市场疲软，国内通货膨胀又削弱了居民的消费力。技术专利、标准、质量、环保壁垒成为争夺市场制高点。各种费用增多；能源、原材料价格上涨，人民币升值，劳动力成本上升；本土液晶面板多以外购为主，赢利能力低，缺少竞争力，综合运营成本升高。这些在一定程度上影响了企业的出口。

2. 以完善和延伸产业链为核心的结构调整正处在建设期，面板的价格走势和市场分配引发国内彩电市场不稳定和效益新变数

调低产能保价，增长中小尺寸面板。目前，开发面板新的尺寸切割，面板结构变化，尺寸规格繁多，价格混乱，增加成本，产业安全受到威胁。例如许多代工企业依靠产品多元化的规模优势和成本优

势，在产业发展中占据了强势地位，甚至出现产品制造通吃的苗头，使产业的生产模式发生调整和变化。代工业快速发展，市场上出现许多无品牌但功能齐全的电子产品，对企业营销思路和行业监管模式提出了新的课题。

3. 技术专利处于被动追随状态，新品开发滞后

跨国公司掌控标准、内容、配套产品等产业链的关键技术和专利，在数字电视、LED 背光、OLED、3D 显示技术产品领域拥有较强话语权。而我国在 OLED、3D 技术等专利方面还处于被动追随的处境，面临技术壁垒、绿色壁垒、反倾销、知识产权等问题，企业需支付各类费用，导致成本过高，业务无法开展。

4. 多元化需求与资源配置矛盾

在新的时期，显示技术多元化、产品形态不同、内外市场要求不同、城乡需求差异、发展不平衡的因素都为企业的研发和规模化生产带来困难。如何进行多品种、多细分市场的销售和经营布局，进一步提高销售规模和经营质量，体现产业链一体化优势，考验着企业综合实力和多产品资源整合水平。

5. 电视正逐渐向“泛 IT”方向过渡，彩电行业步入更高层次的竞争

一是产业的游戏规则的改变和竞争对手的改变。IT 巨头纷纷涌现，如苹果 TV、Google TV，芯片巨头英特尔则将电视芯片插入了索尼、三星、LG、夏普等一线大牌厂商的 Smart TV，新的竞争对手带来了以他们为主导的新的游戏规则。二是产业完整生产流水线的变化。智能电视新的内容、新的交互界面、新的商业模式，电视的新革命首先在电视生产的流水线上体现出来。三是电视功能的重新定义使得产业边界也逐渐变得模糊，令传统电视与互联网、IT之间的界线变得模糊，也带来了新的参与者。终端产品+内容平台+网络运营的互联网智能电视产业链运营的新商业价值体系尚未形成。

6. 新旧矛盾并存，体制改革滞后，制约产业发展

文化产业处于从管制到开放的技术和制度变革调整期。在此阶段中，存在体制障碍，利益分配协调难度加大，政府的扶持政策还不系统和配套。其中，政府缺少战略全局统筹决心和体制矛盾是制约数字

电视发展的主要因素。数字电视发展滞后，国家标准难以产业化，所有成本压力都要整机制造企业承担，这已经背离了产业发展规律，影响了彩电产业的转型升级。三网融合进展缓慢，配套应用带来的商业模式变化不成熟；国内网络电视受基础设施和内容限制，已制约了整机设备市场的需求释放。

（三）进出口面临的突出困难和问题

1. 多种因素导致出口竞争力下降

（1）成本压力（人工成本、原材料成本上升）

自 2010 年以来，已经有 30 个省市完成最低工资的调整，平均涨幅超过 20%，其中浙江、广东、江苏、重庆等制造业相对集中的区域，增幅都在 30%以上。随着国内人力、水电、原材料等经营成本的上涨，在出口中既有的成本优势在逐步丧失，获取订单的难度在增加，有时候，获取到了订单，但却出现“增量不增利”的情况。同时，即将出台的《废弃电器电子产品处理基金征收使用管理办法》，或将征收 13 元/台电视机的处理基金，也将进一步增加彩电企业的运营成本。

（2）汇率波动（人民币汇率提高、相关国家货币贬值）

人民币兑美元汇率中间价由 2011 年年初的 6.6 已跌至 6.3。人民币汇率的提高对我国彩电出口造成了以下影响。第一，造成企业利润损失。根据对骨干品牌彩电生产企业的调查，以年出口彩电 100 万台计算，人民币汇率每上升 1 个点，企业基本要损失 1000 万元的利润。按照 2011 年人民币升值情况计算，每出口一台彩电，企业就要损失 10 元人民币的利润，相当于利润率减少了 10%，这对于转型中的微利彩电行业而言，影响非常大。由此计算，彩电行业 2011 年因人民币升值而损失的出口利润就超过了 6 亿元人民币！这已经大大超过了《电子信息产业振兴规划》中对于彩电转型专项工程的资金支持力度！第二，致使出口产品竞争力下降。我国彩电出口普遍以美元结算，人民币兑美元升值，则出口产品价格兑换成美元后上涨，产品竞争力下降。第三，带来汇兑损失。企业在获得相同额度美元收入的情况下，兑换为人民币后获得的收入是减少的。

（3）金融危机

受欧债危机的影响，欧美市场需求疲软，新兴金砖市场处于开发阶段，全球经济不稳定因素增多，加大了企业出口面临的风险。全球金融危机的加剧和未来不确定性因素的影响，导致各国汇率波动比较大，如越南盾 2012 年以来已累计贬值 19%，印度卢比贬值约 15%，俄罗斯卢布跌 15%，主要出口国的汇率波动将增加出口业务的经营风险和赢利压力。

2. 各类技术和贸易壁垒

面临国际贸易保护主义抬头、技术壁垒、绿色壁垒、反倾销、知识产权等问题，以及设立的各类技术认证门槛较高，加上对环保、节能减排等指标的硬性要求和限制，这些因素都增加了出口业务的难度。

3. 产品更新换代越来越快，难于适应市场变化

从黑白电视到彩色电视、从 CRT（彩色显像管）电视到平板电视、从 CCFL 背光向 LED 背光的节能技术升级、从 2D 向 3D 的显示技术升级、从数字电视向智能互联网电视的应用技术升级，甚至云终端升级以及从 LCD 向 OLED 的物理显示技术升级，产品技术升级越来越快。日韩企业在标准、内容、配套产品等产业链上，掌控了下一代 OLED、3D 立体视像显示技术领域，拥有较强话语权，而我国在 OLED、3D 技术等专利方面还处于被动追随的处境。

4. 面临竞争对手阻力

合资品牌下调产品价格，部分产品价格甚至低于本土品牌，导致国内众彩电企业的利润率下降；代工企业具有制造和设计能力，成本控制力极强，面向全球市场提供制造服务；外资品牌已成功占领欧美市场，正加速对中国市场的紧逼，未来的竞争对手不仅仅是现有的国际彩电品牌，还有以苹果、谷歌、微软为代表的国际 IT 巨头。这些现状对产业冲击是比较大的，增加了本土企业的压力。2011 年全球液晶电视销量前 10 名的企业中，三星、LG、索尼、东芝、夏普、松下 6 家日韩厂商占全球液晶电视市场的 63.7%。三星电视以 22.6%市场占有率排名全球第一，但其电视收入同比减少 10%；LG 电视份额

为 14.4%，排名第二，业务收入同比微降 1%；索尼电视市场份额为 11.7%，业务收入同比下滑 11%。

洋品牌卷土重来，代工业快速发展，许多无品牌电子产品出现，低价竞争出口订单，也带来税收、知识产权保护、价格体系、贸易争端增多等一系列隐患；基础产品标准不统一，对市场规范和环境发展造成一定的冲击。这样不仅有损于“中国制造”的品质形象和声誉，也制约了行业的有序发展。其实，反倾销不是针对企业的，而是针对原产地的，“日本制造”或者“美国制造”实际上是分散在全球最适合制造的地方制造，反倾销反映出中国彩电在制造布局上存在严重问题。

5. 出口效率低，影响对海外市场的拓展，重点市场信保担保力度不足

目前几个大市场，如伊拉克、伊朗、利比亚、阿尔及利亚等，由于战争和政局不稳定，中国出口信用保险公司对以上地区的客户不作担保。但其市场容量战后巨大，且客户信用度较高，具有较强经济实力，由此，影响我国彩电行业的品牌国际化。国家规定产品出口需商检，可承担商检的部门并没有检测条件，企业也必须办理商检手续和交费，有的地方商检还拖延时间，影响出口。

对于新兴市场的关税政策、公司注册、劳工聘用等信息企业难以明确获得。另外，签证办理时间长、手续多，无法单次进入多个国家等情况，加大了自有品牌在海外筹建分公司的前期难度，使中国彩电企业难以维持生计。

二、2012 年发展基本判断及目标预测

（一）发展基本判断

2012 年产业发展取决于国家政策调整，产业链完善，全球资源的整合，热点产品推广举措和资源投放力度。平板电视和数字电视仍然是视像行业发展的动力和增长的基础。存在必备绿色制造、标准制造、应用驱动、融合发展共性关链环节是适应差异需求、提高产品价值的自身要求，是产品技术升级和功能延伸，是视像产业体系重造和技术应用创新、商业模式转型的必然结果。彩电业将以面板为关键要

素的单一竞争模式转而形成以操作系统、芯片等为主体的新产业价值分配体系，并由此带来产业发展方式转变和商业模式转型变革。

1. 市场仍然缺乏一个明确的方向，需要等待

一是通胀以及政策前景仍不明朗；二是房地产限购的影响仍有待重新评估；三是中国的地方债、欧债以及美国债务上限上调的影响仍有待评估；四是干扰经济持续复苏的因素增长，各国贸易保护加强，中东和北非局势动荡等影响全球经济复苏的进程，世界经济复苏的变数，消费信心和投资意愿不足，通胀压力在加大，外部不确定性因素依然较多。

2. 关注各专项实施政策变化带来的效益影响

只有有了持续的政策支持和相对完善的产业环境，才能抵御产业波动，实现可持续发展。政策保障措施是行业发展的保证，要充分用好政府出台的利好政策。

2011 年 11 月底，河南、山东、四川家电下乡政策到期结束，2011 年年底、2012 年年初国内其余省份也将终止家电下乡政策。

2011 年 12 月 31 日，家电以旧换新政策已在全国范围内停止实施。刺激政策退出，受政策边际效应等多方因素影响，市场还是会受到较大的冲击。同时，即将出台的《废弃电器电子产品处理基金征收使用管理办法》，开始对电视机、电冰箱、洗衣机、房间空调器、微型计算机 5 种产品根据家电生产厂销量开征 7～13 元不等的处理基金。取得废弃电器回收产品处理资格的企业作为基金补贴单位，可获得电视机每台 85 元、电冰箱每台 80 元、洗衣机每台 35 元、房间空调器每台 35 元、微型计算机每台 85 元的补贴。完成绿色设计、绿色制造、绿色回收、绿色经营的绿色战略布局。目前，我国已经形成了天津、山东、浙江、广东、江苏五大废旧家电回收再利用基地，海尔、TCL、长虹等家电巨头也在积极布局。

三网融合的推行、加快试点城市彩电更新换代的速度，对网络智能电视的需求量将会加大，网络智能功能会成为电视的一个标准配置。4C 融合促进产业从单纯整机生产向高附加值延伸，从产品制造向内容服务、生产服务等领域渗透。从单纯的以产品技术竞争逐渐演

变为依赖内容、软件、运营商等多元素的综合性竞争。改变产业的游戏规则和竞争对手；同时存在必备绿色制造、标准制造、应用驱动、融合发展共性关链环节要求。

3. 构建视像产业清晰持续发展战略路径——智能电视将实现跨界变革

“智能化”是2012年彩电发展的主旋律，市场规模逼近2000万台。IT、电信、互联网技术和广电技术的融合使电视功能得以扩张，数字电视从单向接收到交互电视、网络电视、智能电视，如今又融入了云计算，不断催生出新的技术领域和更广阔的产业门类。电视功能应用会越来越丰富，电视将变为智能显示终端。目前彩电业从以面板为关键要素的单一竞争模式转而形成了以操作系统、芯片等为主体的新产业价值分配体系。企业必须苦练内功，提升管理水平，提高生产运营效率，调整运营策略，变革产业商业模式，才能转型、升级进入新阶段。

4. 仍以液晶电视为主导，细分市场需求更加明显

（1）LCD电视技术已经成熟

目前市场处在盈利产业周期，市场需求取决于新兴市场和农村内需市场，成长空间有限，市场竞争激烈，价格大幅度下降，靠LED背光、3D市场发展稳定电视价格，利润率越来越低，冲击十分明显，压力很大。

（2）产品结构成主要矛盾

更真美、更节能、更轻薄、更人性、更便利、更经济。TV/IT产品基本要求：高色阶、低功耗、LED、3D、超高清；MNT产品基本要求：高色阶、快速响应、高速驱动；M/A及NB产品基本要求：高亮度、超轻薄、触控、智能……AM-OLED、3D、柔性显示等新技术逐渐成熟，有望呈现突破性增长。

（3）未来5年TFT技术将向“四高一绿”（高透过率、高迁移率、高集中度、高生产性和绿色）发展

支撑上述发展的LTPS、喷墨印刷、氧化物TFT、Mask减少、SOG/GOA/T-Gate、低阻引线技术（纯铝/纯铜）、高开口率设计等技术成为关注热点。中小尺寸LCD显示无论是在画质、反应时间、能耗、对比度上都比OLED好。

（4）3D 试播、2D 转 3D 逐步成为配标

裸眼与非裸眼、快门与偏光并存发展。随着 CCTV 在 2012 年 1 月开通 3D 频道，3D 电视大众化进程将加速，并将大大改善现有 3D 片源不足的问题，包括伦敦奥运会和欧洲杯等重大体育赛事也会刺激 3D 市场扩容。2011 年全球 3D 电视预计需求量会达到 1800 万台，根据有关机构的预测，2012 年将会达到 3600 万台。中国 3D 电视销售量预期能达到 900 万～1000 万台，渗透率达 40%以上。

（5）PDP 电视有自身细分市场

等离子（PDP）电视具备响应速度快、色彩还原性好、视角宽等特点，尤其在表现 3D 影像方面具备显著优势，成为 3D 显像、运动高清、护眼等技术应用与互联网音视频娱乐应用的最佳载体。

（6）OLED 产业渐成投资热点

OLED 产业化加快，目前我国从事 OLED 研发的地区遍布全国，吉林、北京、江苏、上海、广东、四川等地都有 OLED 研发或生产基地，较为集中的有四川、江苏和广东 3 个省份。显示器的生态系统处于变化当中。比如苹果产品具有很大的影响力，会有助于 LTPS 平板增长，还将推动 OLED、智能手机、透明 OLED 显示、OLED 电视、柔性 LED 等的增长。

5. 政策推动产业链配套能力逐渐增强，面板市场有望率先企稳

面板供需调整缓解压力，产品结构更为突出（3D/LED 背光/触摸屏等）。全球 LCD TV 整机出货量预测从 2011 年的 20600 万台达到 2012 年的 22700 万台，预测全球 LCD TV 面板出货量从 2011 年的 20780 万片达到 2012 年的 24730 万片。LCD TV 面板出货、整机出货差距占比 10%左右为正常。

新增产线 50%集中在中国。产能供应重点在 6G 以上高世代线，TFT-LCD 面板供应仍为韩国的三星和 LG（占比从 2011 年的 49.2%到 2012 年的 47.2%）、日本企业（占比从 2011 年的 12.0%到 2012 年的 8.0%）、中国台湾企业（占比从 2011 年的 36.8%到 2012 年的 34.4%）、中国大陆企业（产能占比由 2011 年的 1.5%达到 2012 年的 6.8%，2013 年达到 17.6%）。

（二）目标预测

彩电行业在规模上仍然会维持一个低速增长的态势，主要基于：一是产品的升级换代，二是农村市场的稳步增长，三是B2B的增长，四是惠民政策的效应。2012 年可能会出台一个节能补贴，还有一个是数字电视的补贴，这些也会对市场有一定程度的刺激。奥维咨询（AVC）预测，2012 年中国彩电市场的零售总量预计会达到 4396 万台，总体增长 5.6 个百分点。其中 3D 电视规模是 1796 万台，占比 40%；LED 电视的规模是 2816 万台，占比 64%；智能电视的规模是 1190 万台，占比 27%。全年出货量将超过 1.3 亿台，保持 8%的增长，内销量超过 5000 万台，保持全球最大制造基地和电视市场地位。

三、2011 年中国彩电行业十大重大事件

① 发布《数字电视与数字家庭产业“十二五”规划》和《中国电子视像行业协会关于“十二五”期间电子视像行业发展的意见》。

② 7 条 6G 以上高世代液晶面板线项目建设取得突破性进展。

③ 电视正逐渐向“IT”方向过渡，数字电视从单向接收、交互电视、网络电视、智能电视到目前融入了云技术。功能扩展，催生了新的技术领域和更广阔的产业门类，逐渐演变为依赖内容、软件、运营商等多元素的综合性竞争。

④ 2011 年 12 月 6 日，国际电信联盟无线通信局正式通过《地面数字电视广播的纠错、数据成帧、调制和发射方法》（标准号：ITU-RBT.1306）和《甚高频/超高频（VHF/UHF）频段内地面数字电视业务的规划准则》（标准号：ITU-R BT.1368）两项国际标准的修订，我国的 DTMB 标准正式成为继美、欧、日之后的第四个数字电视国际标准。

⑤ 我国大陆彩电骨干企业和我国台湾地区芯片企业联合开发的新一代高清互动接口技术（DiiVA）1.0 版获得日、韩等全球知名消费电子企业的积极跟进与采纳，已成为智能数字家庭系统的核心基础，提高了我国在标准化领域的话语权，增强了企业实现自主发展的主动性和灵活性。

⑥《平板电视能效限定值及能效等级》作为强制性国家标准自

2010 年 12 月 1 日开始执行，《废弃电器电子产品回收处理管理条例》于 2011 年 1 月 1 日起正式实施。节能环保成为影响我国彩电企业未来国际竞争力的重要因素。

⑦ 以互动娱乐、智能家居、信息服务与社会服务等为代表的国家数字家庭业务应用创新示范产业基地在广东省广州市挂牌，为面向三网融合的数字家庭产业发展打下了良好基础。

⑧ 深圳中彩联技术有限公司建立了拥有 2000 多项自主核心技术的彩电专利池并开始运营，已在专利池建设和集中统一对外专利谈判中取得重大成果。

⑨ 两岸产业合作首届高峰论坛在昆山召开，TFT-LCD、LED 照明、电动汽车、无线城市、冷链物流被列入 5 个合作模式试点。海峡两岸平板显示产业促进工作组制定六大主流尺寸的《LED 背光液晶电视屏结构与电气接口技术规范》，为行业首创。

⑩ 商务部发布《家电产品维修服务业管理办法》，对承担家电产品维修服务责任的生产者、销售者、维修服务经营者、延保服务经营者资质和服务要求以及相关法律责任作出了明确规定，明确了延保服务的概念以及平板电视售后三包规定（保修期整机 1 年、配件 3 年）。

来源：中国电子视像行业协会

5　彩电行业加快产品升级

一、2011 年中国彩电行业发展现状及特征

受发达国家需求疲软、经济复苏缓慢、新兴金砖市场处在开发阶段、全球通货膨胀等原因的影响，2011 年全球彩电行业增长速度减慢，电视总出货量比预期低 3%，为 2.52 亿台。国内平板电视市场消费步入成熟期，一、二级城市的销量增长基本停滞，依靠三、四级城市市场需求的增长有限，平板电视消费整体上保持了低速平稳增长。市场增长的机会点，主要集中在技术升级和功能扩张产品，如 LED、3D、智能电视等，以及农村市场、B2B 市场的增长。据视像行业协会统计，2011 年我国彩电行业总产量预计将达到 1.24 亿台，增长率为 8.5%（2010 年为 16.1%）；彩电出口 7460 万台，比 2010 年增长 13%（2010 年为 21.4%）；内销市场出货量达到 4200 万台，比 2010 年增长 6.3%（2010 年为 16.0 %）。

2011 年我国彩电行业发展主要表现出以下几个特征：①彩电行业生产增速呈现前低后高走势；②电视技术升级、功能扩展速度越来越快，彩电巨头都开始在代表未来的技术领域进行布局；③转型升级进入巩固和深化阶段关键年；④企业新的运营和管理模式初步确立；⑤国产品牌仍掌握内销市场主动权；⑥代工生产出现改变行业竞争格局。

二、2012 年中国彩电行业消费环境与消费意向

据奥维咨询（AVC）数据显示，从未来消费环境和消费意向来看，内需市场年均消费需求将超过 4600 万台，但受困于宏观经济环境相对恶劣，消费者消费信心不足。目前全国彩电存量为 5.36 亿台，其中，CRT 电视为 4.07 亿台，FPD 电视为 1.29 亿台。平板电视家庭普及率为 31%。全国家庭彩电百户拥有量为 130.1，城镇为 146.4，农村为 109.4，农村落后城镇 10 年。相关数据参见图 5-1 和图 5-2。

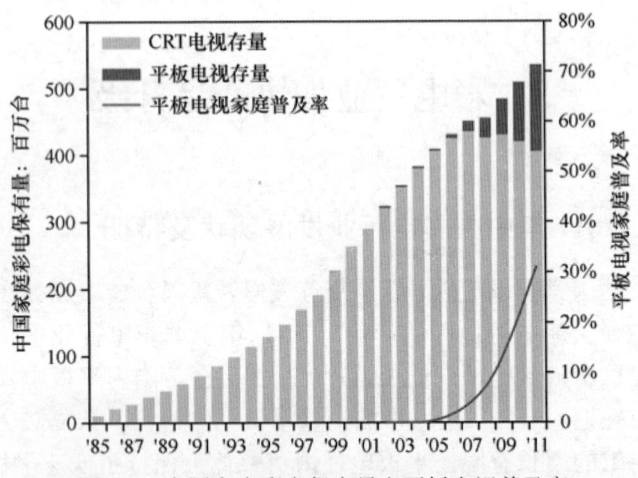

图 5-1　中国家庭彩电保有量和平板电视普及率

（数据来源：国家统计局，奥维咨询评估）

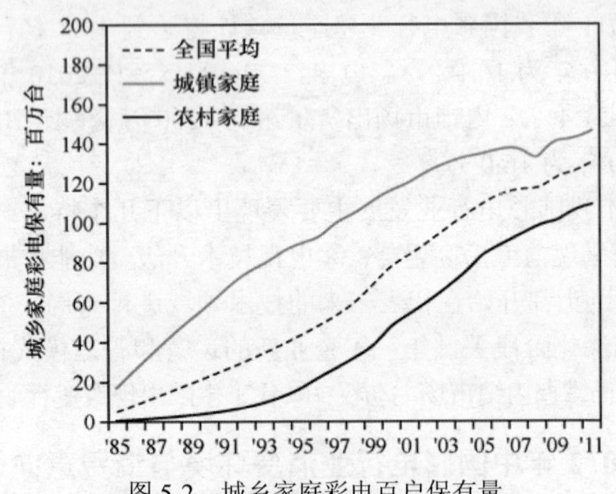

图 5-2　城乡家庭彩电百户保有量

（数据来源：国家统计局，奥维咨询评估）

当前正处于历史生育高峰下的人口红利周期，新建家庭年均超过 700 万户，预计由新建家庭带来的年均彩电消费需求超过 900 万台。同时，随着平板电视普及率的逐步提高和价格逐渐下调，消费者的二次购买需求正逐渐显现，目前城乡都将进入二次购买周期，由此带动的年均彩电消费需求将超过 1200 万台。另外，平板电视进入市场已逾 10 年，新一轮更新换代周期已经开始，按照存量 4%～5%的更新换代率推算，由此带动的彩电年均消费需求约为 2500 万台。预测未来 5 年内年均基于家庭的彩电消费需求将超过 4600 万台。

需求虽然存在，但宏观经济环境相对恶劣，通胀压力持续，消费信心不足，企业发展不够景气，一定程度上影响消费市场的购买力。随着家电下乡和以旧换新政策的逐步淡出，以及节能补贴政策的不明朗对市场景气的影响面需进一步评估，消费者的消费信心将持续不足。

另外，企业面临的成本压力持续居高不下。其中，劳动力成本上升压力最大；渠道费用，特别是大连锁费用压力使企业不堪重负；原材料成本和仓储物流成本的上升，给企业运营带来了不小的压力。

三、2012 年中国彩电行业发展机遇与未来趋势

从 2012 年行业发展面临的机遇来看，主要表现为：政策保障措施进一步增强；转型升级助推产业发展；技术进步为产业带来新机遇；构建清晰持续发展战略路径；后金融危机影响仍在延伸，国际市场需求处于恢复期，不确定因素依然存在等几个方面。

从产品特征与技术发展趋势来看，2011 到 2015 年，彩电市场将仍以液晶电视为主导，新兴电视市场年均成长率为 6%，而发达市场仅为 0.3%。LED 背光、3D 等新兴技术在一定程度上稳定了液晶电视的价格。LED 背光电视面板出货比率将超过 50%；等离子电视仍是平板电视市场主要技术，市场份额预计为 7%；3D、智能电视仍将引领 2012 年彩电发展趋势，智能电视将实现跨界变革，尺寸的差异化将成为企业竞争的重要手段。

从市场规模来看，奥维咨询（AVC）预计 2012 年 LCD 整机内销出货 4350 万台，其中零售 B2C 预计达 3980 万台，商用工程 B2B 预计达 370 万台。3D 在平板电视内渗透率为 41.6%，PDP 电视在上游屏厂的积极推动下，3D 渗透率高达 84%；40～49 英寸级别仍然是 3D 电视的主流尺寸，占整体 3D 市场的 63%；智能电视在平板电视内渗透率年均 27.6%，3D LED B/L 产品占 74.2%，PDP 产品占 11.7%，2D LED 产品占 9.6%，其余为 CCFL 产品。

数字电视一体机将朝着配套模式与渠道定制模式发展。同时，随着面板制程技术的改良和窄边框技术的成熟，各世代线经济切割尺寸发生转移，企业模组化比重将不断提升。

从 2011 年 8 月以来，结合企业的新品发布情况来看，产品升级趋势日趋明显，国内主要企业都纷纷推出了云电视，产品组合注重融合平板电脑和智能电视功能，更加突出体感、手势、语音识别等创新体验，标志着彩电业的竞争从单纯的以产品技术竞争为筹码，逐渐演变为依赖内容、软件、运营商等多元素的综合性竞争，家电厂家正在从“硬件”盈利模式向“硬件+内容+服务”盈利模式转变，希望产生持续服务的盈利能力。

“十二五”期间是视像行业发展的关键时期，也是提升产业创新能力、加快结构调整和转型升级的重要阶段，视像行业的网络化、数字化、智能化和移植云服务的特征更为凸显，发展的重点是加快转型发展方式，推动产业发展转型升级，而重中之重是突破核心技术，提高创新能力，创新服务商业模式。在这方面，协会将一直着力推动产业链的建设，加强行业自律，引导产业健康发展，为产业发展做出更大的贡献。

作者：中国电子视像行业协会　郝亚斌

6 电子视像行业“十二五”发展若干意见

一、行业地位作用

近期，国务院发布的《关于加快培育和发展战略性新兴产业的决定》（国发〔2010〕32号，以下简称“决定”），将新一代信息技术产业作为战略性新兴产业之一加以培育和发展，为电子视像行业（简称“视像行业”）“十二五”期间的健康可持续发展指明了方向。视像行业是我国信息技术产业的重要组成部分，是我国电子工业中起步最早、分布最广、发展最快、规模最大、市场化和国际化程度最高的行业，对拉动电子信息产业的发展具有支撑性和导向性作用；是推动三网融合、物联网和云计算发展应用的重要力量，是智能终端的重要产品形态，是带动和促进新型显示产业发展的重要基础，是软件服务和网络增值服务的重要载体，是数字虚拟技术和文化创意产业的重要展示通道和发展空间；是我国最普及、最便捷的信息工具，是人们享受文化生活、获取各种信息的重要手段和主要来源，对促进我国经济和社会信息化的发展具有重要意义。为贯彻“决定”精神，中国电子视像行业协会组织力量，在回顾总结“十一五”视像行业规划执行情况的基础上，针对“十二五”期间行业面临数字化、平板化、高清化、网络化、绿色化、智能化等融合发展的新形势，特编制本“意见”。

二、行业涵盖领域

随着技术的快速进步和产业的融合发展，视像行业已成为以多媒体信息终端为主要产品形态，涵盖整机产品、配套件、解决方案和应用服务的综合性产业门类，当前主要包括：音视频信息接收与显示终端（包括数字电视设备与系统、电视机、机顶盒、新型/便携信息接收显示终端——移动电视、计算机电视一体机、MP4、电子书等），音视频信息的采集、编解码处理以及存储设备（包括摄像机、录像机、放像机、数码照相机、数码摄像机、摄录一体机、编解码设备、存储介质等），视频终端专用部件（包括调谐器、专用集成电路、专用光电器件、专用软件与系统等），大屏幕投影显示设备与系统（包括投影系统、商用大屏幕显示设备、电子标牌、大型显示系统工程等），数字家庭和视频监控系统（包括解决方案、产品系统、应用工程等），立体视像系统（包括三维信号生成处理系统与产品、特殊用途的四维空间系统与产品、应用工程等），4C（消费电子、计算机、通信、内容）融合的产品与应用服务等。产品应用已渗透到国民经济各领域，创造出“视像无处不在”的蓬勃发展势头，视像行业已成为建设信息化社会和智慧地球的重要技术支撑。

三、行业发展现状

我国已发展成为视像行业相关产品和系统的全球最大制造基地和消费市场。视像行业 2010 年的产值规模已超过了一万亿元。其中，彩电行业产值规模达到了 4080 亿元，彩电年产量从 2006 年的 8372 万台增长到 2010 年的 11493 万台，占全球彩电生产总量的比重从 42% 扩大至 48%，出口占到全行业产量的 58%；数字电视机顶盒 2010 年产值规模达到了 610 亿元，产量达到 1.5 亿台，占全球市场的 73%，是全球机顶盒制造中心；数码照相机和数码摄像机 2010 年产值规模达 1500 亿元，数码照相机 2010 年产量超过 8000 万台，80%用于出口，是全球最大的数码照相机生产和出口基地；摄录编行业需求规模在千亿元水平，部分高端产品主要依赖进口；投影机产值规模 260 亿元，2010 年产量 710 万台，出口 500 多万台；视频监控系统相关产品产值规模（含系统）约 450 亿元。其他新兴的大屏幕显示系统、数字家庭、视频监控系统、新型便携/移动视频信号接收显示终端都获得了迅猛发展。

转型升级取得显著成效。全行业基本实现了数字化转型，为数字电视、数字家庭、三网融合的发展奠定了稳固基础。“十一五”期间，彩电行业平板化和高清化转型取得了质的飞跃，累计生产彩电 4.73

亿台，其中平板电视 2.51 亿台；2010 年生产平板电视 9086 万台，占彩电总产量的 79%，80%以上产品达到国家高清标准要求。当前，全行业正在积极推进网络化、绿色化和智能化转型。

产业体系建设取得重大突破，平板显示产业格局基本成型。在《电子信息产业调整和振兴规划》指导下，以突破新型显示产业发展的瓶颈为目标，以高世代 TFT-LCD 面板生产线建设为重点，通过多种联合方式打造平板显示产业链的战略部署得到了扎实推进。截至目前，共有 7 条高世代液晶面板线（2 条 6 代线、5 条 7.5 代线以上）项目建设，围绕玻璃基板、高世代液晶面板线、模组与整机一体化以及相关产业配套的总投资规划超过了 2000 亿元。初步形成了北京辐射圈、长三角地区（苏州、南京、合肥）、珠三角地区（广州、佛山、深圳）、海西经济区（台北、厦门、福州）、以成都为主的西部开发区（成都、绵阳、重庆）等各具特色、分工合作、投资主体相对集中的产业园区聚集格局。

技术标准和知识产权取得较大进展，专利池建设取得一定成果。初步建成国家标准、行业标准、协会标准和联盟标准密切衔接、互动高效的自主标准体系，出台了 60 多项相关标准，提高了我国在标准化领域的话语权，增强了企业实现自主发展的主动性和灵活性。专利池建设取得一定成果，9 家本土骨干彩电企业共同出资成立了专门的知识产权技术公司中彩联，建立了拥有 2000 多项自主核心技术的彩电专利池并开始运营实践，在对外知识产权谈判方面取得重大进展，有效促进了行业的共赢与协同发展。骨干企业联合技术攻关取得重大突破，开发的新一代高清互动接口技术（DiiVA）具有国际领先地位，获得了全球知名消费电子企业的积极跟进与采纳，已成为智能数字家庭系统的核心技术。

国内企业已掌握工业设计技术、全程高清、LED 背光、超薄技术、倍频技术、节能环保技术、网络多媒体技术、自然光技术等的研发，以及下一代光储存 CBHD（中国高清碟机格式）、新型半导体存储等新技术和新应用，推出了 LED 背光源电视、互联网电视、数字电视一体机、移动电视、3D 电视、硬盘高清播放机等新产品。

自主品牌建设成效凸显，一批创新能力较强的骨干企业脱颖而出。经过改革开放 30 多年的发展和市场经济熏陶，TCL、海信、创维、长虹、康佳、海尔、厦华、同方、雅图、京东方、九洲等一批规模较大、品牌自主、生产稳定、质量优秀、创新能力强、市场表现活跃的骨干企业，成为视像行业的中坚力量。

四、行业发展走势

我国经济增长正在逐步实现从主要依靠投资和出口拉动向消费与投资双轮驱动、内需与外需共同拉动的转变，消费是我国未来经济增长的最主要动力。视像行业是消费类电子产品的重要来源，家电下乡、家电以旧换新、节能产品惠民工程、产业调整与振兴规划重大专项支持、战略新兴产业转型工程、两化融合发展等有关政策稳步执行，有线数字电视整体转换步伐加快，地面数字电视工程加快，三网融合进入实质性阶段，智能家居和智能社会建设导向等国家宏观政策，都为视像行业发展提供了良好的外部环境，成为持续增长的重要保障。

“十二五”期间，“工业化、信息化、城镇化、市场化、国际化”五化并举，市场需求旺盛，为视像行业提供了稳定的成长空间，促进现有产品更新换代加速。另外，城市化带动城市家庭数量增加，数字家庭娱乐、智能家居、远程教育、社区服务、网络商务等发展势头迅猛，有线电视全部实现数字化等都将为行业带来持续的市场需求。国际市场需求的复苏也将成为产业的重要市场机遇。

全球显示技术正在实现从模拟到数字、从 CRT 到平板、从 2D 到 3D、从固定到移动、从单向接收转向交互式服务的变化。数字家庭技术发展趋于全面网络化、深度智能化和绿色低碳化。以绿色、智能、可持续为特征的新一轮科技革命不断推进，产业体系正在发生大的变革，技术革新和战略性投资活跃，视像行业处在技术提升和结构调整深化发展新阶段，推动视像行业持续发展。

五、行业发展目标

“十二五”期间，视像行业要积极把握数字化、平板化、高清化、网络化、绿色化、智能化融合发展的新机遇，坚持科学发展，加快推进行业结构调整和转型发展，积极参与平板显示和彩电转型专项工程、核高基专项、电子发展基金支持项目、战略新兴产业专项、自主技术创新发展专项、国际化扶持项目等国家重大工程专项，完善产业链，培育产业实现自主性和可持续性发展的能力。

“十二五”期间，视像行业要大力推动发展模式的转变。由低附加值、代工组装（OEM）模式向高附加值、自主品牌制造（OBM）模式提升，规模效益和技术进步相结合，形成本土企业为主体、拥有著名品牌和自主知识产权、具有国际竞争力的大企业集团。保持行业持续健康发展，为社会信息化提供装备和服务，满足人民群众日益增长的物质、文化需要。

六、行业发展思路

“十二五”是视像行业转型升级的攻坚阶段。要继续以结构调整和转型升级为主线，加快产业链建设。以市场需求为导向，以扩大应用、促进技术创新，重点支持面向三网融合、产品与应用相结合的多业务系统建设。支持企业自主创新，以企业和企业联盟为主体，建立具有自主知识产权的技术标准体系，增强标准制定、实施能力。优先扶植骨干企业发展，优化资源配置，促进产业融合，培育一批拥有知名品牌和自主知识产权、具有国际竞争力的大企业集团。认真组织先进技术的示范推广，推动新型系统应用基地和示范工程试点，推动绿色节能和工业设计生态化发展。打造涵盖核心技术与应用推广、先进技术应用示范、产品与应用融合的数字内容服务、行业售后资源共享、质量规范与品牌建设等视像行业公共服务平台系统，支撑视像行业稳健发展。

七、行业发展重点

“十二五”时期，行业的主要任务要围绕结构调整、转型升级和发展方式转变开展，以产业链建设为基础，以技术创新为核心，以高端产品和高端系统应用工程开发为重点，以行业规范发展为保证，以质量提升和品牌建设为突破，以国际、国内两个市场为依托，以节能减排和资源综合利用为新增长点，实现可持续的创新发展。

重点推进高动态和宽色域显示范围的 LED 背光电视、新型节能 PDP 电视、大尺寸 OLED 显示产品、亮度 500 流明和 2000 流明以上的微型投影电视机、地面数字电视一体机、移动电视接收机的研发和生产推广。

重点推进具有 3D 显示功能的平板电视、专用显示设备、视频监控设备、摄像机及数码照相机等的研发和生产推广，突破大尺寸裸眼立体视频关键技术及应用、开展新型（非视差）立体电视研发。

重点推进为整机产品配套的专用部件（含芯片、关键原材料、专用设备、电视用面板）、模组整机一体化、工业设计的研发和生产推广。

重点推进基于三网融合的“软硬件结合”产品与系统，积极开发基于互联网平台的电视新型搜索技术、语音及数据通信功能、数据安全以及互动应用的研发及应用。

重点发展智能终端的研发和生产推广，加快突破智能电视的单芯片及多核高级 SOC、开放式操作系统、中间件（嵌入式软件）、手势及语音识别技术的研发，鼓励企业联合建设应用软件商店平台。

重点发展数字影视前端制播与编解码设备以及高端视频监控设备，尽快完成数字化和高清化转型，重点发展高清晰度的数字化摄、录、编、播系统及设备、视频监控设备；加快高速度、高容量、微型化的半导体存储技术研发和产品应用；加强数字电影设备和数字影院系统的研发与应用。

重点发展基于家庭网络和多业务平台的新型高端互动数字家庭产品，为推广家庭服务系统提供统一、简单、经济、可靠、有效的支持基础；积极构建基于自主 DiiVA 和高端智能化技术的数字家庭产业创新发展工程，为视像行业提供采用重大技术创新成果的服务平台。

重点发展和完善数字电视和数字家庭产业链，打造向增值服务延伸的、完整的新型产业链，拓展价值空间，推进数字电视和数字家庭产业应用。

积极推动行业与市场的规范发展；不断提高产品质量；鼓励和推动品牌企业发展壮大，积极开拓国内外市场；扩大国际合作与交流，大力推进海峡两岸的全面合作；持续提升行业综合竞争力。

重点发展绿色节能的视像行业。突破关键技术，建立企业主导、政府引导、机构配合的废旧电子电器回收体系；研究和落实产品绿色设计、绿色生产销售和绿色回收处理系统，提高对实现绿色发展战略意义的认识和落实。

八、主要保障措施

（一）政策支持对行业转型升级至关重要

要进一步完善和落实各项扶持政策和财税政策，继续实施平板显示和彩电转型专项；建议国家尽快将视像行业纳入新一代信息技术发展重点并出台战略新兴产业发展专项政策；建议设立国家级的政策性投资平台和绿色节能专项基金；建议设立支持视像行业关键技术和关键领域发展的融资平台，吸引企业和社会资金，加快产业链建设。

（二）实施自主标准与知识产权战略

以骨干企业为主体，联合配套企业、科研机构、高等院校，以市场需求为导向，以产业链协同发展为目标，建立技术创新联盟，通过标准化合作与示范工程，形成技术创新发展体系，提高我国视像行业的自主发展能力和综合竞争力。多渠道争取政策和资金支持，开展关键共性技术研究和成套装备及配套设备研发，推动视像行业的系统性发展。建立联合开发的共性技术的前期验证、公共产品开发、创新标准产业化及推广应用支撑体系；继续推动企业联合的自主核心技术开发和知识产权战略，重点支持中彩联彩电专利池的建设和国际化运营，重点支持 DiiVA 自主联合创新技术和协会标准的推广应用。在智能数字家庭产业、智能电视、智能视频监控系统、立体视像等领域加强行业协调和骨干企业联合，尽快形成技术创新、标准可行、产权明晰、推广迅速、效益显著的技术和企业联合标准体系。

（三）加强行业自律和市场规范

创造崇尚创新、公平竞争、尊重对手、诚信经营、倡导理性消费的市场氛围。推动市场经济法律法规体系的建设和完善，优化渠道结构，塑造公平竞争市场环境。加强推动多元化营销渠道的建设，大力发展电子商务新兴渠道，促进产品的有效流通；鼓励企业联合，加强国内三、四级市场和农村市场的销售渠道建设，优化渠道结构。

（四）实施“质量+品牌”战略，积极开拓新市场，坚持国际化发展道路

进一步强化品牌意识，提高核心技术研发和工业设计水平，提升产品质量形象和品牌国际化的经营能力，提高在全球产业链中的地位和国际市场影响力；推广先进质量管理方式，将品牌战略、国际化大企业战略和技术创新战略相结合，发挥质量对品牌形象的拉升作用。重点做好对骨干企业的扶持和服务，大力支持企业联盟发展，带动中小企业壮大；推动形成具有国家竞争优势的视像行业企业集群。支持和鼓励自主品牌在境外的商标注册和专利申请，支持自主品牌积极开展出国（境）参展、海外并购、设厂及工业园区建设等活动，大力实施“走出去”战略；鼓励企业联合建设海外营销渠道和售后服务网络，为自主品牌企业建立国际化研发、生产体系及品牌推广搭建公共服务平台。

（五）推动企业转变经济发展方式

以规模生产为基础，积极探索融合发展的新模式。积极整合 4C 资源，进行并购重组资源整合，从资产经营向资本运作发展；与广播、电信运营商、内容提供商、网络传媒联手开辟新 4C 融合的应用领域；与渠道商联手开辟新兴市场；与上游配套供应商、系统集成联合开发新品，开发适应需求的增值业务；建立起良性的供应链模式，营造和谐共赢的产业生态圈。

（六）加强行业协会组织建设

进一步提高行业协会的服务能力和水平。加强视像行业发展研究，及时向政府相关部门提出促进行业发展的政策建议。加强行业先进实用性技术和应用示范工程的评选、推广，优先推动企业联合开发的具有自主知识产权的关键共性技术成果的推广应用。积极开展会员服务、行业统计、发展研究、政策传达和推动落实等基础性工作，认真推动行业协调、技术进步和新技术推广、行业瓶颈研究等任务的完成。

来源：中国电子视像行业协会

7 从电子百强看视像行业发展变化

2011 年是“十二五”的开局之年，也是视像行业转型升级加强深化的一年，新旧矛盾交错出现，企业虽面临各种压力，但在抓经营、转方式、调结构、重创新等方面仍有很大变化。

一、入围企业有进有出，行业实力继续攀升

从规模、效益、研发能力 3 个方面加权计算进行综合评分排序得出 2011 年（26 届）电子百强，其中前 3 名分别为华为 83.78 分、联想 72.66 分、海尔 60.76 分，分别差 10 分左右，这说明通信、计算机、家电行业三者中家电行业竞争实力的差距。第 1 名与第 100 名营业收入分别为 2049.94 亿元、23.50 亿元，综合评分分别为 83.78 分、2.01 分。

电子百强前 10 名中的视像行业企业有 6 名：海尔集团列第 2 名、长城科技股份、海信集团、长虹集团、TCL 集团、北大方正集团分别列居第 5～9 名。共有 19 家以彩电、机顶盒、面板为主营业务的企业入围。同上届相比，入围企业数量从 21 家减少到 19 家，其中上广电、厦华、万利达、龙腾等企业未上榜，增加了天马微电子。

二、产销规模继续扩大，主导行业中坚力量

19 家入围的视像行业企业共生产彩电 7688 万台，占全行业总量的 64.1%，出口彩电 3998 万台，占产量比重超过 50%。产品结构进一步调整，基本上过渡到平板化，平板占总产量比重为 86.7%。海尔、海信、创维、TCL、联想等百强企业积极配合国家落实“家电下乡”、“以旧换新”和“节能惠民”等扩大内需政策，不仅在销售规模方面位居前茅，在服务质量方面还根据各级市场的特点成立具有针对性的工作组，提供完善的售前、售中和售后服务。

国产品牌仍掌握内销市场的主动权。品牌战略深入实施，国产彩电在产品功能、外观设计和产品质量上均有了很大的进步，市场份额

不断向本土知名品牌集中。2011 年，TCL、创维、海信、长虹和康佳等企业在国内彩电市场的总占有率接近 80%，海外市场前 10 名中 TCL、海信、创维等企业市场占有率分别为 4.8%、4.3%、3%。同方安检系统、海康威视视频监测系统市场占有率也均居前列，且呈不断上升的态势。

三、重视应用创新，领跑行业发展

电子百强企业研发人员数量为 27.6 万人，占全部员工数的 19.6%；入围视像企业研发人员 4.98 万人，占全部员工数的 10.45%。

电子百强企业研发经费投入 868 亿元，占主营业务收入的比重达到 4.9%。入围视像企业研发投入 331.08 亿元，占主营业务收入的比重达到 5.33%，超过电子百强平均水平，基本达到国际高技术型企业的研发投入水平。但入围视像企业的平均利润率仅有 4.2%，低于电子百强的平均水平 5.0%。

电子百强企业拥有专利数量 10 万件，其中发明专利 5.2 万件，占比超过 50%。入围视像企业技术创新成果显著，专利授权 3.76 万件。

自 2011 年 8 月以来，以海尔、长虹、康佳、TCL、创维、海信、同方等企业为代表推出网络化、智能化、节能型产品，加大 3D 电视和数字家庭智能终端的研发和产业化力度。新技术、新产品、新应用正在形成新增长点，拉动市场增长：一是能效等级标准的实施推动了 LED 背光电视增长；二是 3D 电视成为继平板电视之后又一革命性技术；三是数字电视的功能扩展，催生新技术领域和产业门类。LED 背光液晶电视、3D 电视、互联网电视成为市场主流方向，拉动消费、提升市场活力。

在模式创新方面，加快由制造领域向服务领域延伸，进一步加强了设计、制造、服务的融合互动。海尔、创维、长虹等企业纷纷加快服务化转型步伐，积极开拓增值服务，建立内容服务和网络服务平台，将经营重心由出售硬件产品向出售软件、服务及解决方案转移，从制造向服务进行战略转型。通过产品创新和模式创新不断提高产品附加值和市场竞争力。

TCL、长虹、海信等百强企业在多个国际标准技术组中担任职位，为主导国际标准发挥了积极作用，涉及数字家庭、平板显示、智能电视、3D 电视等领域的重要标准相继制定和发布，他们还积极参与国际标准的制定工作，采取技术标准联盟等形式集中优势增强话语权。彩虹、长虹、京东方等企业参与了中国 OLED 产业联盟的成立。百强中 8 家彩电企业与我国台湾企业联手，制订了涵盖六大主流尺寸的《LED 背光液晶电视屏结构与电气接口技术规范》，为行业首创。我国首个具有自主知识产权的数字高清互动传输接口（DiiVA）标准，为统一行业标准和推动内容共享奠定了坚实的基础。

四、加快转型升级，推进产业延伸

入围的视像企业积极适应行业发展趋势，加快战略转型，在产业价值链、产业形态和商业模式等方向上调整，由低附加值产品向高附加值产品转型；完善产业链条，引领制造业和软件业并举的结构调整方向。在接近市场、降低成本、提高竞争力、未来战略储备、提高品牌效应的战略思路下，利用生产线进行代工生产电视产品，同时进入白电产业，形成了“黑白配”格局。目前，各企业电视主营收入占比厦华、创维、康佳、TCL、海信、长虹、熊猫、海尔分别为 98%、88%、81.2%、40.35%、33.9%、27.75%、15.9%、10.4%。

整机企业开始向上游延伸，海信、康佳、创维、TCL 等企业的液晶模组厂相继建成投产。中电熊猫的南京 6 代面板线投产；京东方 8.5 代线、华星光电 8.5 代线正式投产，进入爬坡和量产阶段；友达光电（昆山）8.5 代面板厂、三星苏州 7.5 代面板厂开工。长虹等离子屏生产线实现一期扩能（300 万台）。结束了我国大尺寸液晶显示屏完全依赖进口的历史。

五、加快国际发展步伐，积极进军新兴市场

电子百强企业实现出口交货值 4558 亿元，占主营业务收入的比重超过 25%。入围视像企业出口交货值 1788 亿元，占主营业务收入

的比重超过 28.8%。

在国际化经营中，百强企业“走出去”的层次不断提高，产品由低端向高端、由硬件向技术服务发展，市场从单一化向多元化拓展，模式从产品、资本国际化向知识产权国际化转变，百强企业逐步取得了与一流跨国公司同场竞技的资格。

海尔、TCL、长虹、海信、康佳等企业在巩固原有市场的基础上，成功进入南非、南美、印度、巴基斯坦等新兴市场。在出口产品结构中，液晶电视比重不断提升，3D、智能电视等新型产品不断涌现，并通过发展自主品牌，实现从市场营销向产业本土化转型。海尔、海信、TCL 等多家整机企业在东盟、非洲等主要国家和地区建立了完整的研、产、销体系，树立了良好的品牌和形象，占据了领先的市场份额，部分企业海外自主品牌占比已超过 30%。

六、整合优势资源，集聚效应显现

随着大公司战略的积极推进，百强企业日益成为推动产业集中的重要力量。百强企业以不到全行业 0.5%的数量比重，创造了全行业 1/4 的销售收入、近 1/3 的利润和 1/2 以上的税收。一半以上的收入又集中在前 10 家企业里，本届排名前 10 位企业的主营业务收入合计达 10264 亿元（占百强企业总量的 58%），利润总额 411 亿元（占 47%），出口交货值 2977 亿元（占 65%）。

入围视像企业业务收入达 6288 亿元、利润 263 亿元、出口交货值 1788 亿元，分别占电子百强相应金额的 35.2%、29.7%、39.2%。

企业并购重组产业整合，推动从资产经营向资本运作发展。竞争主体从本土企业扩展到全球企业。一是在产业内部以优势互补为基础结成联盟，成为企业竞争的新形态和骨干企业整合资源的新方式。二是跨产业推行战略合作。如彩电企业与数字内容传播和数字电视运营商合作，创新商业模式。例如，海尔集团与青岛出版集团建立战略合作关系，为青岛市数字出版业的发展创造了良好环境。三是 TCL、长虹、海信、上广电均实施了重大的资产重组方案，为企业的战略调整奠定坚实的基础。四是为适应新形势下的发展需要，努力寻找合作机会，加快推进优势资源，整合 9 家彩电企业。继 2009 年联合向台湾 3 家面板厂采购 34 亿美元产品后，2011 年又将向 3 家企业购买约 53 亿美元的产品，同时还共同签署了战略合作协议，开创了行业竞合的新模式。

建立的研发基地和产业园区日益增多，海尔、海信、TCL、长虹、康佳等整机企业也在各地建设了生产基地，这些企业通过经营模式复制和区域集聚发展，聚集效应不断显现。在壮大自身实力的同时，有力促进了各地电子信息产业的发展和经济结构的改善。初步形成了北京辐射圈、长三角地区、珠三角地区、海西经济区、以成都为主的西部开发区等各具特色、分工合作、投资主体相对集中的产业园区聚集格局。企业新的运营和管理模式初步确立。

七、立足长远发展，推进品牌建设

在优胜劣汰的竞争中，百强企业的品牌优势加速形成。世界品牌实验室编制并公布的 2012 年“中国 500 最具价值品牌”排行榜前 100 家企业中，有 7 家电子信息百强企业，华为、联想、海尔、长虹、中兴、TCL、海信分列第 8、第 11、第 12、第 18、第 39、第 43 和第 78 位。在 2011 年“世界品牌 500 强”排行中，联想、海尔、华为、长虹 4 家百强企业入围，列居第 121、第 127、第 275 和第 298 位。以百强为代表的本土企业在世界范围内品牌知名度的不断提高，对我国电子信息产业的整体国际竞争力提升具有积极推动作用。

在品牌战略带动下，百强企业的产品质量和服务意识日益提高，将产品质量视为企业发展的根本，加大生产监督力度，从源头抓好产品质量，逐步提高服务的意识和标准。由中国电子质量管理协会评选的“2011 年度中国电子信息用户满意企业”中，创维、九洲电器、长虹等百强企业榜上有名。由中国商业联合会和中国保护消费者基金会共同主办的第五届（2011）全国售后服务评价活动中，海尔荣获“全国售后服务功勋企业奖”，中电熊猫、长城等企业荣获“全国售后服务十佳单位”称号。

八、贯彻节能环保主张，积极履行社会责任

经济贡献持续增强。电子百强上缴税金912亿元，占全行业总量的60%以上；员工人数达到141万人，占全行业从业人员总量的15%以上；入围视像企业员工人数达到47.6万人，占电子百强从业人员的33.7%以上。

通过加大设计投入、设立设计创新机构、引进高端设计人才等手段，从源头抓好产品质量，并在此基础上，大大提高了售后服务的标准。2011年，多家彩电企业联合上游厂商共同签署了“提高平板售后服务标准倡议书”，统一并提高平板电视及主要部件的售后服务标准，规范上下游生产企业的责任和义务，为树立和宣传企业的社会责任感发挥积极作用。

全面贯彻节能环保。随着电子制造业规模不断扩大，资源、能源消耗量持续增加，废旧电子产品环境污染问题越来越受到社会的关注，绿色发展成为行业共识。通过原材料管控、工艺升级、产成品把关等多管齐下的方式降低和消除产品中有害物质的含量。在产品方面，创维、TCL、海信、长虹、康佳、同方等企业在生产中积极选用LED屏幕及其他节能部件，推出节能型平板电视；在废旧产品回收利用方面，TCL、海尔、长虹等百强企业积极筹备建立了配套的废弃产品拆解处理机构，并取得了相关资质，为完善电子信息产业“源头控制”+“末端治理”的全产业链“绿色制造”发挥了积极作用。

积极履行社会责任。百强企业始终坚持经济责任和社会责任的有机统一，在自身发展壮大的同时，积极采取多种方式回馈社会。在2012年“中国企业社会责任100强排行榜”中，中兴、联想、长城科技等多家百强企业入围。此外，华为、海尔、海信、长虹、TCL、方正、比亚迪、浪潮、创维、同方等大批百强企业在教育、医疗、环保、扶贫救灾、助老扶残和社会保障等方面通过直接捐赠物资、设立相关基金、组织社会活动等多种形式践行社会责任，为促进社会主义精神文明建设、推动和谐社会构建做出了突出贡献。

2011年入围电子百强的视像行业企业主要指标见表7-1。

表 7-1　2011 年入围电子百强视像行业企业主要指标

分类名称	营业收入（亿元）	利润（亿元）	利润率	出口交货值（亿元）	出口/收入	研发投入（亿元）	研发费率	从业人数（万人）	研发人员（万人）	研发/从业	专利（万件）	发明/专利	产量（万台）
电子百强企业汇总	17615	884	5.0%	4558	25.00%	868	4.9%	141	27.6	19.6%	10.0	52.0%	12231
视像行业入围电子百强企业汇总	6208	263	4.2%	1788	28.80%	331	5.3%	47.6	5.0	10.5%	3.76	31.2%	7688
视像/电子	35.2%	29.7%		39.2%		38.1%		33.7%	1.8%		37.6%		62.8%

来源：中国电子视像行业协会

8　中国数字家庭产业发展现状及前景

数字家庭涉及终端生产、软件开发、网络运营、内容提供、服务集成等众多环节，具有广泛性、融合性、协同性等特点，它所代表的不是一个普通的产业，而是一个有着光明前途的新兴产业，它是信息技术和应用的落脚点，是推动产业结构升级的重要契机，是改善民生、实现信息惠民的有效手段，是构建完整信息社会的战略支点。

一、数字家庭产业发展现状

我国在基础建设、信息建设等方面经过了多年的积累，已经使数字家庭摆脱了缓慢的起步初期，进入了一个重要的战略机遇期。网络设施、技术研发、终端设备等已经不再是数字家庭产业发展的障碍。截至 2011 年年底，中国宽带用户数已超过 1.5 亿户，位列全球第一；有线广播电视用户突破 2 亿户；数字电视用户数达 1.15 亿。以智能电视、平板电脑和智能手机为代表的智能终端市场迅速壮大。智能电视年销量达到 350 万台，预计 2012 年将超过 1000 万台。平板电脑 2011 年销量超过 600 万台。中国智能手机用户保有量已达到 2.23 亿。随着物联网和云计算等技术的不断成熟，智能操控、多屏互动、信息共享等技术在终端上已有良好的体现。若单纯从通过终端设备让信息进入家庭的角度看，数字家庭的规模已经相当可观，但数字家庭的发展目标并不仅限于此，而是要形成一个庞大的产业集群，涵盖社会各类信息、承载或联通各行各业，构建一个巨大的社会信息服务网，对文化的繁荣和经济的发展起到重要的支撑作用，让整个社会的精神文明和物质文明发展都搭载上“信息”这部高速列车！

二、数字家庭产业的发展前景

从产业特性来看，数字家庭体现出的是人类对便捷、舒适及愉悦生活的追求，是科技进步的必然趋势。数字家庭将为消费者带来便利化的服务，将转变传统制造业、金融业、建筑业、服务业等行业的发展模式，将带动软件开发、文化创意、数字内容等行业的蓬勃发展，从而拉动内需、促进经济发展、加快产业转型升级！它具有引领社会经济发展、知识技术密集、物质资源消耗少、成长潜力巨大、综合效益良好等特点，是战略性新兴产业。

从产业发展来看，数字家庭强调家庭内部以及家庭与社会间的信息互通，起于微观止于宏观，范围从家庭到社区到城市再到整个国家，产业发展空间不可估量。

从市场规模来看，我国人均 GDP 已经超过了 5000 美元，消费能力不断上升。预计到 2016 年，中国数字电视家庭数量将占全世界的四分之一。中国有可能成为世界上规模最大的数字家庭市场。在工业和信息化部公布的《电子信息制造业“十二五”发展规划》中预计，到“十二五”末，以数字电视和数字家庭为主的视听产业销售产值将达到 2 万亿元，工业增加值率达到 25%。

由此可见，数字家庭的发展前景光明，产业潜力巨大，但发展中仍存在一定瓶颈，需要产业各方齐心协力共同推进。

三、数字家庭产业的发展瓶颈及建议

首先，消费需求是首要问题。

目前产业发展的驱动力量还正在以技术驱动为主向需求驱动过渡。挖掘用户需求，提供能够满足消费者需求的包括内容、应用、服务等在内的各类增值业务已经成为数字家庭产业发展的重中之重，也是数字家庭产业市场空间最广、最具机遇的一个环节。

其次，考虑技术、模式、标准等一系列问题。

我国在信息制造业领域起步较发达国家晚，虽然发展迅速但部分核心技术仍然缺失。芯片技术在智能化应用方面的竞争力仍然不足，智能终端缺乏自主知识产权的操作系统，这无疑已经成为产业发展的隐忧。现阶段，商业模式难以促使各环节均衡协调发展，需要挖掘有效的商业模式。此外，针对数字家庭核心及关键技术环节，国内企业不断努力开发了相关标准，例如 AVS、DRA、DiiVA（数字高清互动接口）等具有中国自主知识产权的技术标准，虽然得到国内众多骨干企业的高度认同，但其产业化规模还没有得到理想的发展。

最后，产业协同不容忽视。

无论是新技术的推动还是标准的制定，都离不开产业的齐心协力，特别是我国数字家庭产业发展同发达国家存在一定差距时，协同显得尤为重要。各自为政、各自发展的情况让产业的发展路线显得混乱无序，难以形成联通千万家庭、汇集海量资源、承载各行各业的完整格局。在 2012 年 5 月 25 日举行的国家数字家庭应用示范产业基地建设经验交流会上，工业和信息化部副部长杨学山指出：要以产业联盟等各种合作形式，加强产业联合合作。

针对以上问题建议相关政府部门牵头，组织开展基础研究，培育市场，引导产业发展。对产业发展现阶段的薄弱技术环节组织力量集中攻克，出台政策推动我国自主知识产权中的优秀标准加快普及。中国数字家庭产业联盟也将充分发挥自己的作用，团结产业各方力量，集合研发、渠道、生产、服务等各类资源，推动数字家庭产业不断壮大！

作者：中国数字家庭产业联盟　陈晓东

第二篇

市　场

9 中国成为全球彩电市场主要推动力——“十一五”中国彩电市场回顾与“十二五”趋势展望

一、回顾“十一五”，中国彩电市场翻天覆地

“十一五”是中国彩电行业调结构、促发展的关键期，在《电子信息产业调整和三年振兴规划》的推动和家电下乡、以旧换新、节能惠民等刺激内需政策的拉动下，中国彩电行业稳中有升，全球最大市场地位得以确立、产业结构渐趋优化、产业链建设日臻完善、产品创新和技术发展突飞猛进，成为全球彩电市场中的强者。对于中国彩电市场在“十一五”期间的主要特点剖析如下。

1. 市场规模大幅增长，平板完成CRT替代

“十一五”期间，中国彩电行业经历了产业转型、技术升级、需求膨胀等变化，中国彩电市场快速发展。奥维咨询（AVC）数据显示，中国彩电市场销售量由2006年的3563万台增长到2010年的3998万台，增长率达12%，销售额则由2006年的927亿元增长到2010年的1515亿元，增长率达63%。“十一五”期间彩电市场规模发展，主要特征如下。

（1）彩电产品技术升级，实现彩电产品的新一轮替代

“十一五”期间，平板电视的发展对于整个彩电行业具有划时代的意义，也促使着中国的彩电市场朝平板化、数字化、高清化、网络化等方向快速推进。尤其在2008年，北京奥运会的召开，更进一步推进了平板产品的市场渗透。据奥维咨询（AVC）数据显示，平板产品市场份额由2008年第一季度的29%上升到2010年第四季度的93%，基本实现了对CRT产品的完全替代。相比CRT而言，平板产品的价值更加具有诱惑力，同时也促进了彩电厂商对平板产品

推广的积极性。高速增长的平板市场，在提升了整个彩电市场营收额的同时，也带动了整个彩电产业的整合与发展，其带来的经济效益是不可估量的。

（2）平板市场增速维稳，平板季节性需求特征显现

据奥维咨询（AVC）数据显示，2010 年中国彩电市场液晶电视零售规模为 3347 万台，同比增长 42%（2009 年较同期增长 101%）；等离子零售规模 211 万台，同比增长 24%；平板市场在高速的增长期后，同时季节性需求特征在增速维稳的发展走势中显现。

2. 基础技术不断完善，应用技术多方发展

伴随平板电视需求的快速增长，消费者对平板电视的评判标准越发强调时尚、实用、美观以及可靠性等因素，企业只有打造高精品质平板电视，建立竞争差异，才能获得更多消费者的认可。“十一五”期间，在中国平板电视技术不断完善的同时进一步加大了应用技术的发展。

（1）LED 背光液晶技术，赋予彩电产品曼妙的身姿

2009 年 LED 背光液晶电视出现，其凭借超薄的机身、节能的功效、时尚的造型、美妙的画质等优势被越来越多的消费者接受，在彩电市场中快速渗透。据奥维咨询（AVC）数据显示：2010 年是 LED 背光液晶电视发展的黄金时期，其市场规模已达到 560 多万台，全尺寸产品市场渗透率已达 29%。奥维咨询（AVC）认为，推动 LED 背光液晶电视快速发展的关键因素有以下几个。

第一，产业链逐步完善，解决了 LED 背光液晶电视快速发展的后顾之忧。在 LED 背光液晶电视快速发展的状况下，面板和上游芯片是促进 LED 背光液晶电视推广的重要环节。2010 年随着海信、康佳、清华同方等企业积极涉足 LED 产业的中上游制造，中国彩电行业在加速突围。

第二，彩电厂商合力推动，LED 背光液晶产品出样增加，产品线逐渐完善。2010 年，在 LED 背光液晶技术逐渐成熟，上游资源相对充裕等多方因素之下，彩电厂商积极开展双向布局。从横向布局来看，发布从 19 英寸到 55 英寸全线布局；从纵向布局来看，配合市场定位，

开发面对不同消费群体的产品，从而满足不同的消费需求。随着 LED 背光液晶电视生产规模化、产品多样化、价格平民化等特点的凸显，其逐步成为彩电市场核心的消费产品。

第三，消费需求升级，拉动时尚节能 LED 产品快速上量。相比 CCFL 背光液晶电视而言，LED 背光液晶电视的优势非常明显。其中，相比 CCFL 背光液晶电视节能 30%～50%；LED 的无汞生产过程非常环保；LED 背光源更利于制造超薄型液晶电视；LED 光源的亮度均匀性较好等优势均受到消费者的热捧，使其不但得到了产品的升级，同时创造了更好的社会效应。

（2）iTV、3D、智能 TV，颠覆传统电视的使用形态

随着平板电视基础技术的发展，其搭载的应用技术将实现从“看电视”到“玩电视”的转变、从单向传输向双向互动的转变、从单一的产品销售向综合的内容运营转变。据奥维咨询（AVC）的监测数据显示，2010 年年底 iTV 的市场渗透率为 19.1%，对于 2011 年上市的 3D 电视的市场渗透率也已经达到了 1.1%。

而智能电视的发展将给国内彩电行业发展带来新的机会。首先，智能电视整合产业链芯片、软硬件、内容商优势，联合推进互利共盈；其次，智能电视的发展促使行业模式转变，推动中国制造向中国创造的产业转型升级。智能电视的到来为彩电发展和应用带来无限可能，这也是其魅力所在，但智能电视的发展目前还处于导入期，尚不成熟，且成本较高不利于普及。另外，如果智能电视无法实现内容与应用的拓展，完善产品面向大众市场，那将只是互联网电视的量变，难以实现突破来吸引消费者。

3. 竞争格局渐趋稳定，尺寸莫须一味求大

奥维咨询（AVC）数据显示，在优胜劣汰的市场竞争环境下，中国彩电市场品牌参与度逐渐集中，国内与国外品牌的竞争格局趋于稳定，具体体现在以下几个方面。

（1）国内品牌的本土化优势发挥作用，抵制外资扩张性竞争步伐

自 2009 年下半年以来，受全球金融危机的影响，外资品牌对于中国市场的扩张性战略崭露头角。他们通过采取代工形式，降低成本，

推出低价格产品冲击国内品牌市场份额，尤其在节庆时期（如“国庆黄金周”）使国内品牌的份额在城市市场有所下降。但同时国内品牌借助家电下乡等惠民政策，通过扩大产品覆盖、强化三/四级市场渠道开发、改善售后服务，巩固了国内品牌在农村市场中的绝对优势地位，并弥补城市市场份额的流失，使得国内外的品牌格局依然维持在70:30。

（2）国内品牌全尺寸产品线布局，抵制外资竞争的关键

“十一五”期间，在海峡两岸平板工作小组的协调下，台湾面板企业加大了对中国大陆整机厂商的面板和模组供应，缓解了彩电企业面板资源匮乏的困境，为国内品牌平板产品全尺寸布局提供了有力的资源保障。对于国内品牌而言，平板产品全尺寸布局有利于市场覆盖，同时也有利于三、四级市场的平板产品下沉。据奥维咨询（AVC）数据显示，目前彩电市场销售产品的平均尺寸为35英寸。

4. 价格两年下降五成，惠民政策成助推器

在平板技术的不断成熟、市场规模的不断扩大、资源及生产成本的降低及市场产品竞争的加剧等多方力量的共同作用下，平板产品价格也随之下降，促使平板产品的普及。据奥维咨询（AVC）数据统计，32英寸的CCFL市场均价由2008年年初的5844元下降到2010年年底的2806元，40～42英寸的CCFL市场均价由2008年年初的10405元下降到2010年年底的4508元，32英寸的LED市场均价由2009年第二季度的7970元下降到2010年年底的3634元，40～42英寸的LED市场均价由2009年第二季度的12441元下降到2010年年底的6280元。由此可见，平板产品主要尺寸的价格降幅达到50%左右。其中，外资品牌通过代工降低产品制造成本，并采取进攻性的低价策略导致了产品大降价。根据奥维咨询（AVC）的监测数据显示，2010年外资品牌液晶电视的整体价格降幅，连续半年持续超过国内品牌4%以上，这在行业尚属首次。

从彩电市场销售状况来看，惠民政策加速了平板产品的快速普及。首先，家电下乡政策加速了平板产品的渠道渗透，并且以优惠的价格让利于农村市场消费者。第二，以旧换新政策加速了CRT产品

的替代更新进程，将实际的价值让利于消费者。鉴于此，惠民政策推进了产品价格的下降，促进了平板产品的市场普及。

二、展望“十二五”，中国彩电行业有望一日千里

1. 2015 年需求规模超 6000 万，中国成全球彩电市场主要推动力

随着国家“十二五”战略的正式启动，中国彩电行业进入深度结构调整的新一轮景气周期，将继续快速、稳健发展，有望引领世界彩电行业发展格局，屹立于强国之林。据奥维咨询（AVC）预计，2015 年彩电市场的需求规模超过 6000 万台，而推动彩电规模增长的主要原因有以下两个方面。

（1）经济政策拉动需求增长，彩电成为耐用消费品市场的主要产品

首先，经济持续增长，居民购买力增强；城镇化进程提速，居民户数快速增加。据奥维咨询（AVC）分析显示，城镇与农村的家庭收入与百户拥有量关系完全一致。然而从当前的城乡情况来看，农村家庭收入滞后城镇 8 年，彩电百户拥有量落后 11 年。以此类推，当“十二五”规划预期的 2015 年居民收入实现翻番得以实现，将很大程度上促进市场消费购买力的提升，从而拉动彩电市场的消费需求。

其次，人口红利提升新购需求。据奥维咨询（AVC）预计，家庭彩电消费进入人口红利时代，未来 5 年城乡新建家庭年均超 700 万户，这将直接带动彩电消费需求年均 900 万台以上。

最后，未来 5 年更新换代需求旺盛。以 CRT 电视 10 年使用年限测算，据奥维咨询（AVC）预计，2015 年 CRT 电视历史累计更新换代率达到 40%，累计规模 2.5 亿台，年均更新换代规模 2500 万台。至 2020 年，CRT 电视历史存量基本更新完毕。

（2）“十二五”期间中国平板显示产业将是全球市场的主要推动力

对中国平板产品的发展现状而言，掌握上游面板资源是平板产品发展的重要环节之一。近两年，在政府部门的大力支持下，中国大陆已逐渐具备面板生产能力，政府大力扶植的京东方 8.5 代面板生产线于 2011 年迈入量产，之后三星、友达、LGD 等高世代线产品也将逐步量

产。据奥维咨询（AVC）数据显示，中国未来产业链上游投资超过 3000 亿元，成为全球最主要的平板显示器件的供应国，TFT-LCD 面板、模组超过 1 亿台（以 32 英寸计算），PDP 面板/模组超过 500 万台。

2. 产品/技术发展多元纷呈，3D/智能将成市场主角

（1）LEDBL 平民化、iTV 标配化、智能化成为新应用

从各类液晶产品发展方面来看，LED 背光液晶逐渐替代 CCFL 背光液晶，使其价格逐渐平民化，并且继续快速渗透，实现产品普及。奥维咨询（AVC）预计，2015 年 LED 背光液晶电视市场渗透率将超过 94%。而网络功能及智能化应用技术的发展，将进一步促使彩电产品的差异化竞争，并且促使彩电企业运营模式的转变，给彩电市场注入新的机会与挑战。

（2）中国 3D 电视市场或将高速成长

鉴于当前 3D 技术的不完善，如 3D 片源的不足、不易于长时间观看等问题，使得 3D 电视短期内将实现以差异化和高端形象配合 LED 的发展战略，企业能达到销售规模和盈利能力的可持续性。奥维咨询（AVC）预计，2015 年中国 3D 电视的市场渗透率将为 37%。

3. 品牌竞争压力依然存在，盈利能力或将走出低谷

据奥维咨询（AVC）预计，未来彩电市场品牌竞争压力犹存，而竞争压力的根本主要来源是非理性的价格竞争，具体原因如下。

① 产业间的结盟。从字面上来讲，产业间的结盟可以以优势互补的方式带动整个产业的协调发展，然而这种方式也将导致资源、技术的恶性竞争威胁，合理的协调和把握产业联盟的优势，将对彩电行业发展发挥重要作用。

② 内外资品牌间的竞争。随着外资品牌“去制造化”的步伐愈发扩大，其凭借低价的产品、品牌的效应、技术的先进性、上游资源的优越性等有力条件在中国彩电市场中得以实现进一步扩张。而这种扩张的根本，价格的持续下降及渠道的下沉，对于农村市场价格体系将造成一定的威胁。

③ 资源的过剩。随着中国再建的多条面板高世代线逐渐量产，奥维咨询（AVC）显示，从 2011 年到 2013 年，中国大陆面板产量将

达到 1.3 万片以上，高世代线累计面板产量增长一倍以上。而从国内零售市场需求增长情况看，到 2013 年，消费需求累计增长率仅为 52%，因此我们预计未来面板供应必将供过于求。面对这种供过于求的局面，价格战在所难免，这对于企业的运营能力将是一次重大的挑战。

4. 渠道模式不断创新，新型渠道快速上位

家电零售渠道的发展与彩电行业的发展可谓是息息相关，渠道结构稳中求变，降低渠道费用率和提高可控性成为各方博弈的重点。

（1）渠道模式创新，平衡渠道结构是关键

纵观渠道发展状况，全国性家电连锁企业积极进行转型，推进精细化管理：针对不同消费需求实行门店类型多样化；加强与企业定制服务的合作，合作方式多样化；同时涉足产业上下游，推出自己品牌的产品；大举推进线上商城。家电企业在保持与连锁渠道紧密合作的同时，坚持自有渠道的建设，并优化发展其他渠道：众多品牌开设网上商城，对三、四级市场渠道进行持续优化。

（2）彩电行业的电子商务发展迅速，未来 5 年有望分享彩电 10%的销售规模

互联网技术的快速发展，促使电子商务发展进程加速。而对于家电行业而言，其中较为知名的京东商城、新蛋网、苏宁易购、国美网上商城、淘宝电器商城等品牌凭借其价格、配送等优势，已被消费者认可。这种现金直销式的家电渠道模式，为利润率相对较低的彩电行业缓解了成本压力，如进场费、终端建设费及高额的渠道返利等成本，并且能以更低的价格让利于消费者。奥维咨询（AVC）估算，2010 年电子商务渠道实现的彩电规模占到销售总规模的 1%，预计在未来 3 年后将达到 5%，未来 5 年后将占到 10%的销售份额。

三、综合看“十二五”，十大趋势助推中国彩电行业奋发图强

综合前文趋势，为了清晰描述彩电行业发展前景和方向，推动行业理性、健康发展，奥维咨询（AVC）经过深入分析，联合中国电子

视像行业协会共同发布中国彩电行业“十二五”期间（2011 至 2015 年）的十大发展趋势。

趋势一，中国彩电市场当之无愧地保持全球最大彩电市场地位。

在“十二五”规划中，伴随着中国城镇化进程加快、人口红利、更新换代和刺激内需政策等方面因素的拉动，中国彩电行业的内销规模在 2015 年将发展到 6000 万台，彩电百户拥有量达到全国 141、城市 156、农村 119。

趋势二，中国彩电行业的转型升级会进入新的阶段，电视配件设计越来越人性化，“Smart TV”将成为必备功能，3D 功能将向小屏幕电视延伸，裸眼 3D 和 OLED 显示有望逐渐兴起。

技术升级是未来彩电行业发展的重要环节之一。目前主要的彩电技术如 LED 背光、3D 等将是彩电市场主要产品，并实现普及。在新技术实现普及的进程中，首先，产品成本的降低是关键因素之一；其次，统一技术标准，实现产品与产品、品牌与品牌、软件与硬件等方面的全面兼容；最后，提升核心技术研发能力，拥有市场的话语权。

OLED 作为新型的平板显示技术，在平板电视产品中逐步应用，其凭借技术的先进性定位高端，打造差异化产品形象，成为彩电行业中新的利润增长点。

趋势三，中国本土显示产业链将会趋于完整，核心部件进口比例降到 30%以内。

在北京、深圳、南京、苏州、广州等地相关产业园区的推动下和 BOE、中电熊猫、华星、龙飞和 LGD、三星等多个高世代面板项目的共同努力下，中国本土产业链项目将高速发展，全面具备玻璃基板前段、模组封装、主要核心部件等显示上游资源的全产业制造能力，形成基本完整的产业链格局，TFT 相关组件的进口将大幅下降，彩电行业面临的上游产业链制约将显著缓解，中国平板显示产业在全球的话语权和竞争力显著增强。

趋势四，三网融合迎来实质性发展。

在国务院的统一部署和推动下，电信网、广播电视网和互联网三网融合将会进入实质性的发展阶段，促使数字电视广播从单向接收向双向交互的改变，内容格式的多样性、服务方式的差异性、接入途径的广泛性将成为电视产业发展的新趋势。其中 iTV、Smart TV 等新的电视应用技术将逐渐普及，将实现智能化特征，开放式平台的运用，功能的无限拓展。

趋势五，中国彩电企业的商业模式创新真正破局。

未来随着中国彩电行业的应用技术研发和产品形态创新的不断强化，特别是智能电视与三网融合、三屏融合趋势相互促进，中国彩电行业的差异化竞争和商业模式创新将会逐渐成为行业新的成长动力。数字技术、网络技术、显示技术的融合发展，从设备生产商、内容提供商、信息传输商、接收终端制造商等行业实现技术创新和业务创新，将调动整个产业、各个环节，实现共赢商业模式。

趋势六，渠道创新加快发展，电子商务有望十占其一。

中国彩电行业的渠道模式创新也将会不断上演，不断降低渠道的费用率和增强渠道的自主控制性，会成为未来厂家和渠道商之间博弈的重点；同时在信息化浪潮的推动下，家电产品的电子商务面临的买卖双方信任度偏低、支付不安全和物流配送体系不健全的问题应该会得到根本的改观，彩电行业的网络销售有望分享这一成果并获得快速发展，并分得至少 10%的行业蛋糕。

趋势七，实体渠道规模进一步做大，中国将诞生全球最大家电连锁渠道商。

随着渠道功能的拓展，渠道不仅会成为产品销售端的重要“出水口”，还会成为厂商与消费者之间的沟通平台和服务载体。围绕销售渠道进行的便利化、服务化、网络化和专业化创新将会成为增强用户黏性的重要来源。

伴随渠道定位的改变，大连锁渠道的业态也将发生显著改变，未来家电连锁渠道的大型卖场比重将显著下降，连锁渠道商开店的主要形态逐渐让位于社区店、便利店和体验店。这样在中国城市化趋势和集中居住的社区改造因素带动下，中国家电连锁渠道还将获得更大的发展空间，出现门店数量有望超过 3000 家的连锁“巨无霸”。

趋势八，中国彩电行业将会诞生千万级规模的品牌企业，中国品牌进入全球第二集团。

中国彩电市场的品牌竞争压力犹存，但竞争的结果是本土品牌的竞争力将会进一步得到强化，特别是一线品牌抓住中国产业链建设取得重大进展和中国市场规模的快速放大的历史机遇，进一步巩固和提升目前的市场份额优势，品牌集中度有望获得显著提高。因此到 2015 年，在中国彩电市场有望诞生市场占有率超过 20%的自主品牌。同时伴随全球广大新兴市场的崛起，“十二五”期间，中国彩电企业的自主品牌出口和全球化运作有望迎来新的机遇，一批中国彩电品牌开始在新兴国家市场占居相对主要的市场份额，中国彩电企业的全球话语权将会得到显著增强。

趋势九，中国成为引领全球彩电新产品和新技术发展趋势的发源地。

“十一五”期间，中国彩电行业在全球彩电行业竞争格局中仍然处于跟随和弱势地位，欧美市场的消费趋势和发展节奏对中国市场产生巨大的影响。但是在“十二五”后期，随着中国 GDP 的继续高速增长，人均收入的进一步提高，中国将产生一个超过一亿人的庞大中产阶级，这样到“十二五”末期中国彩电市场的消费能力，特别是对大尺寸高端电视和前卫产品的购买需求，将会成为最主要的消费动力之一。因此中国消费者将会在“十二五”期间通过自身的购买行为对全球市场产生强大的磁吸效应，中国有望先于欧美成为一些跨国企业发布新产品的首选要地。

趋势十，中国彩电行业的组织形态将会发生重要改变，产业联盟将在其中扮演更加重要的角色。

“十二五”期间，伴随中国和世界的融合进一步加深，政府在行业运行中所扮演的角色将逐渐弱化，国际准则和行业惯例将会被中国彩电企业更多地学习和运用。中国彩电行业可以充分抓住有利条件，巩固并扩大自身优势，同时在国际竞争中抱团发展，形成以企业为主体、以协调自律和规范发展为目的的产业联盟。通过多种多样的产业联盟使中国企业摆脱过去各自为战的局面，在竞争与合作、在发展中共同推进产业结构调整和技术升级，合力完善知识产权和标准体系，共同维护中国彩电行业的集体利益，从而在全球范围内引领行业发展格局，构建持续发展、合作共利的生态圈。

作者：北京奥维营销咨询有限责任公司　喻亮星

10 2011年中国彩电出口形势

一、2011年彩电行业出口基本情况

2011年中国彩电出口量较2010年有所下降，液晶电视仍然是拉动出口的主力。

据海关统计数据显示，2011年彩电出口量为6538万台，同比下降1.4%，出口额136.8亿美元，同比下降7.8%。其中，液晶电视出口量为5394.3万台，同比增长4.8%，出口额126.68亿美元，同比下降7.1%；CRT电视出口量在2011年达到了1090.6万台，同比下降23.7%；PDP电视出口量为48.7万台，同比减少1%，基本与2010年PDP电视出口量持平，参见图10-1、图10-2、图10-3。

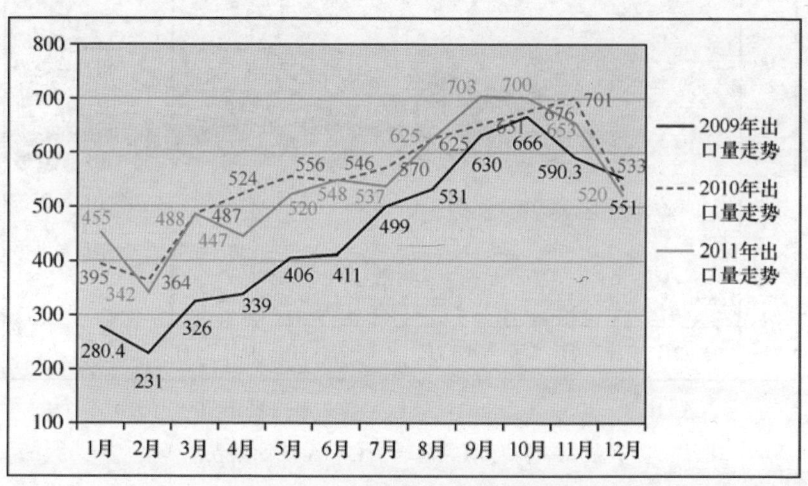

图10-1 2009年至2011年彩电月度出口量走势（万台）

（数据来源：海关统计，CVIA制表）

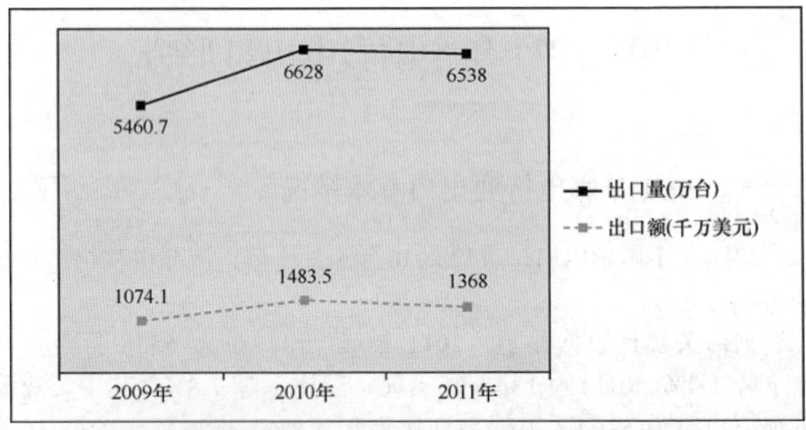

图 10-2　2009 年至 2011 年中国彩电市场出口情况

（数据来源：海关总署，CVIA 统计制表）

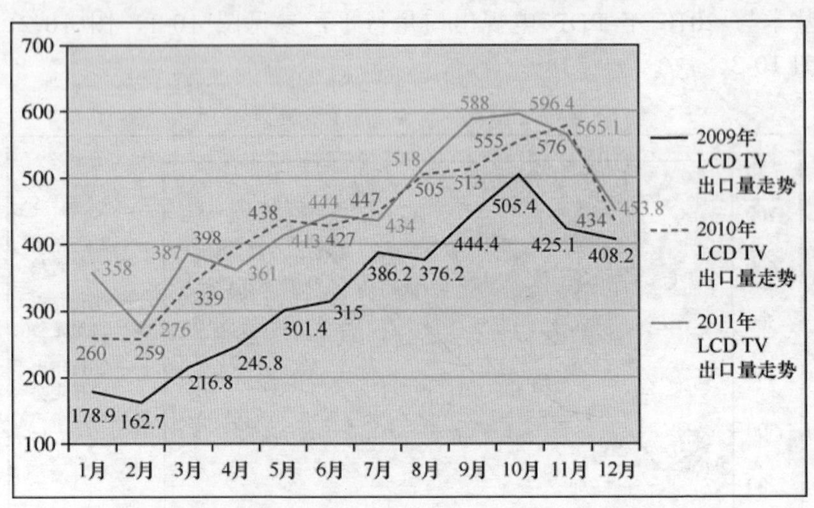

图 10-3　2009 年至 2011 年 LCD TV 出口量走势（万台）

（数据来源：海关总署，CVIA 统计制表）

我国液晶电视出口仍然存在增长趋势，2010 年同比增长 29.7%，2011 年同比增长 4.8%，增速有所下降。出口对我国彩电企业未来几年的发展具有巨大的支撑作用，参见图 10-4。

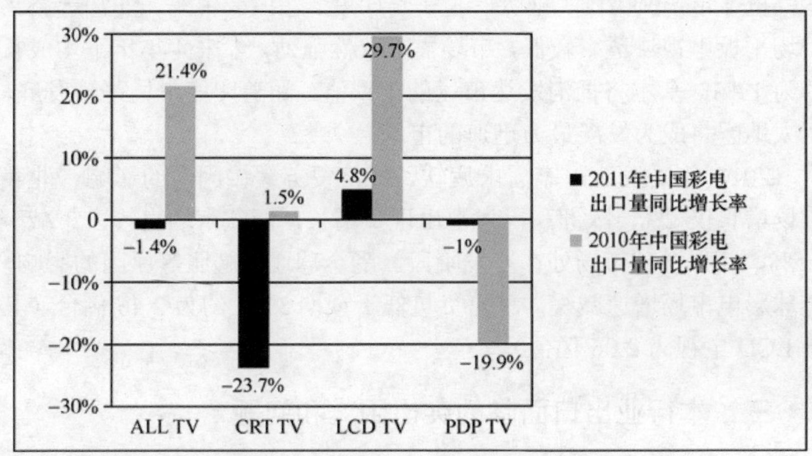

图 10-4 2010 年和 2011 年中国彩电出口量同比增长率

（数据来源：海关总署，CVIA 统计制表）

二、贸易出口新特点

◆ 出口规模没有达到预期，出现出口量、额、单价同跌的局面。

◆ 出口产品结构进一步优化。液晶成主力，LCD:PDP:CRT 为 82.5:0.7:16.7。

◆ 出口量占全行业生产量从 58%下降到 53%（6538/12231.4），降幅为 5 个百分点。

◆ 2009 年、2010 年、2011 年每年出口月走势前低后高（11 月最高），变化曲线类同。

◆ 新兴市场贸易增长高于欧美市场。

平板化带动出口结构优化，产品技术升级和功能扩展，节能环保技术成为市场竞争非常有利的武器，这是世界各国普遍的发展战略。特别是亚太及中国台湾地区，关键在于探索两岸供应链模式，争夺在国际市场的主动权。北美、西欧、日本等发达市场的 CRT 电视已广泛被平板电视所取代，市场成长靠高端产品拉动。印度、越南、马来西亚等发展中国家，则利用比我国更低的资源和劳动力成本吸引资本，抢夺市场。中国、亚太、拉美、印度、东欧、中东、非洲等新兴市场平板电视渗透率较低，市场需求依然强劲，未来 4 年年平均成长率为 17%，基本将抵消发达市场的下跌值。随着印度市场蓬勃发展，亚太地区将成为发展最为迅速的市场。

2011 年受发达国家需求疲软、经济复苏缓慢因素的影响，北美市场增长仅 2%，欧洲和日本都出现负增长，西欧市场也较去年减少 1.5%，新兴金砖市场处在开发阶段。受全球通货膨胀等原因的影响，全球彩电市场增速减缓，总出货量低于预期 3%，约为 2.46 亿台（其中 LCD 电视为 2.06 亿台）。

三、本行业出口面临的突出困难和问题

（一）导致出口竞争力下降的因素增多

自 2010 年以来，已有 30 个省市完成最低工资调整，平均涨幅超过 20%，其中增幅较大的浙江、广东、江苏、重庆等制造业相对集中的区域，涨幅都在 30%以上。随着国内人力、水电、原材料等经营成本的上涨，在出口中既有的成本优势在逐步丧失，出现“增量不增利”的情况。开拓市场及应对各种贸易壁垒研发投入增加，带来企业的运营成本增加。

人民币兑美元汇率中间价由 2011 年年初的 6.6 降至 6.3，人民币汇率的提高对我国彩电出口造成了以下影响。①造成企业利润损失。2011 年因人民币升值而损失的出口利润估计超过 6 亿元人民币，这个数字大大超过国家对彩电转型专项工程的资金支持。②致使出口产品竞争力下降。出口普遍以美元结算，出口产品价格在兑换成美元后上升，产品竞争力下降。③带来汇兑损失。企业在获得相同额度美元收入的情况下，兑换为人民币后获得的收入是减少的。

受欧债危机的影响，欧美市场需求疲软，新兴金砖市场处于开发阶段，全球经济不稳定因素增多，加大了企业出口面临的风险。全球金融危机的加剧和未来不确定性因素的影响，导致各国汇率波动比较大，如越南盾自 2012 年以来已累计贬值 19%，印度卢比贬值 15%，

俄罗斯卢布下跌 15%。主要出国口的汇率波动将增加出口业务的经营风险和赢利压力。

（二）国际贸易保护主义抬头，增加了出口业务的难度

欧盟已公布从 2009 年 1 月 1 日起提高平板显示屏的进口关税，美国要求我国降低机械、电子、化工产品进口关税（5%以下），韩国与一些亚太国家签订贸易协议进口“0”关税（对于我国是 8%）。美国政府提出“能源之星计划”，限制电视机能耗标准；欧盟出台环保相关措施，采取“保障措施”及其各种技术指标的认证的通行证。限制中国产品进入的意图愈加明显。法国将实施新的电子电器垃圾回收制度，将使中国家电企业出口增加 10%左右的成本。新型贸易壁垒多涉及技术法规、质量标准、环境标准、安全标准及各国政策法规，涉及产品的范围更加广泛，评定程序更加复杂。

（三）产品更新换代越来越快，难以适应市场变化

跨国公司掌控数字电视、LED 背光、OLED、3D 立体显示技术产品等领域关键技术和专利、标准、内容、配套产品产业链，拥有较强话语权。我国彩电企业需支付专利费，从而导致成本过高，业务无法开展。

（四）面临竞争对手阻力

洋品牌卷土重来，代工业快速发展，许多无品牌电子产品出现，低价竞争出口订单，从而带来税收、知识产权保护、价格体系、贸易争端增多等一系列隐患；代工企业具有制造和设计能力，成本控制力极强，面向全球市场提供制造服务；外资品牌已成功占领欧美市场，正加速对中国市场的紧逼。我们未来的竞争对手不仅仅是现有的国际彩电品牌，还有以苹果、谷歌、微软为代表的国际 IT 巨头。基础产品标准不统一，对市场规范和环境发展造成一定的冲击。这不仅有损于“中国制造”的品质形象和声誉，也制约了行业的有序发展。2011 年全球液晶电视销量前 10 名的企业中，三星、LG、索尼、东芝、夏普、松下 6 家日韩厂商占全球液晶电视市场的 63.7%。2011 年，三星电视以 22.6%的市场占有率排名全球第一，但其电视收入同比减少 10%；LG 电视份额为 14.4%，排名第二，业务收入同比微降 1%；索尼电视市场份额为 11.7%，业务收入同比下滑 11%。而中国品牌前 3 名的 TCL、海信、创维全球份额占比分别为 4.8%、4.3%和 3%，总和仅为 12.1%。

（五）出口效率低，影响对海外市场的拓展

在重点市场中的信保担保力度不足。在目前几个大市场中，如伊拉克、伊朗、利比亚和阿尔及利亚等，由于地区战争和政局不稳定，中国出口信用保险公司对以上地区的客户不作担保。但其市场容量战后巨大，且客户信用度较高，具有较强经济实力，由此，会影响我国彩电行业的品牌国际化。国家规定产品出口需商检，可承担商检的部门并没有检测条件，企业也必须办理商检手续和交费，有的地方商检还拖延时间，影响出口。

对于新兴市场的关税政策、公司注册、劳工聘用等信息企业难以明确获得。另外，签证办理时间长、手续多，无法单次进入多个国家等限制，加大了自有品牌在海外筹建分公司的前期难度，使中国彩电企业难以在海外维持生计。

作者：中国电子视像行业协会　艾丽娅

11 全球面板市场状况与2012年展望

一、2011年面板需求量大幅修正

全球面板产业，主要仍看 TV 产品是否仍支撑市场需求，其次为 Monitor 与 NB 面板需求，面板需求从 6 月份开始进行微调，因为 6 月份欧美库存量增加，厂商减少采购，导致需求减少；7 月份后，各厂商根据上半年销售状况，调整 2011 年产品销售量，结果是上半年销售较去年同期成长幅度低于预期，于是厂商纷纷下调产品销售计划。

市场状况每况愈下，欧美市场没有好转，中国市场销售也并没有特别突出的表现，厂商随 TV 的销售量再度下调 2011 年销售目标，增长约为 4%，较为稳定。

IT 面板也未如预期成长，Monitor 市场本来已经是一个饱和市场，但是市场需求成长由个位数成长变成负成长，主要原因仍为欧美市场需求大幅下降，而且 PC 产品被 NB 产品取代，使得 Monitor 市场并没有太大的成长动力。

NB 市场就如同大家所预期般受到 Tablet 影响，瓜分部分的 NB 市场，加之市场需求减少，使得 NB 成长减缓至 7%。整个 IT 面板需求也减缓，使得面板厂既有出口量减少，在经营上变得更加困难，参见图 11-1。

二、3D、LED发展仍很抢眼

2011 年的面板产业，在产品上仍以 3D、LED 为重要的成长动力。根据调查，LED TV 渗透率已经达到 50%，预计年底可达 60%，使整年度渗透率接近 50%。由于 50%是一个门槛，过了 50%之后，渗透率将快速提升，在 2012 年将有机会达到 80%。

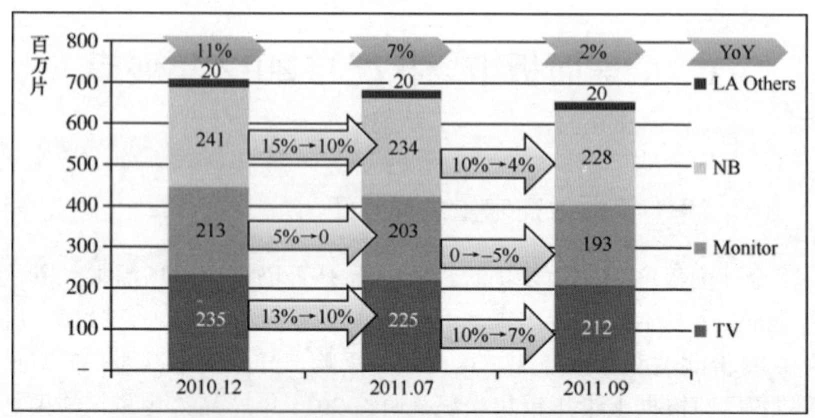

图 11-1　2011 年大尺寸面板主要产品应用及面板需求变化

（NB 包含 Notebook 与 Netbook，不包含 Tablet。数据来源：奥维咨询）

至于 LED Monitor 产品，则是跟随 LED TV 的渗透脚步，由于 TV 使 LED 成本降低，考虑成本的 Monitor 面板才得以快速渗透；至于 NB 面板几乎都是 LED 面板。

2011 年也是 3D 快速成长的一年，其中有两个因素驱动。第一个因素来自于 3D 片源和游戏陆续增加，消费者逐渐接受和认可 3D 产品；第二个因素来自于面板厂商的推动，主要是因为面板价格低落，需要新产品刺激，而 3D 面板就是最好的刺激，所以面板厂开始纷纷量产 3D 面板，带动成本降低，预估 2011 年 3D TV 的渗透率将达到 10%，2012 年 3D 产品将持续成长，预估 3D TV 渗透率可以达到 20%左右。

三、2012 年面板需求成长率 5%，厂商控制产能、成本度寒冬

展望 2012 年，主要仍看 TV 面板需求变化，因为 TV 面板占了面板面积需求量的六成，但是 TV 需求成长力只有 6%，相当的薄弱；至于 IT 面板，在 Monitor 成长幅度之下，NB 也只有 5%左右的成长，所以 IT 面板成长仍有限，若加入现在最热门的 Tablet 产品需求，虽

然可以弥补 IT 面板需求成长力，但产品尺寸为 7～10 英寸之间，对于 IT 面板整体尺寸上没有增加，反而是减少，进而影响面板面积的需求量。

从整体来看，2012 年大尺寸面板需求片数成长率 5%，成长力低，只能期待 2013 年需求。因为 2013 年主要需求来自于中国模拟电视将在 2015 年停止播放，此事将带动 TV 产品的换机潮，所以，2013 年需求将会增加，参见图 11-2。

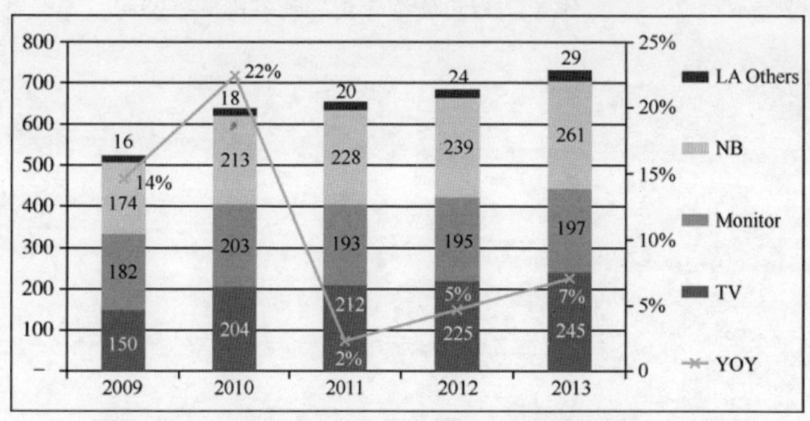

图 11-2 2009 至 2013 年大尺寸面板需求量

（NB 包含 Notebook 与 Netbook，不包含 Tablet。数据来源：奥维咨询）

在面板供给量上，则有两条线大幅量产，主要来自于京东方的 8.5 代线与华星光电的 8.5 代线，这将使整体产能面积年成长 12%，相较于面板需求面积增加 9%，仍是供过于求，再加上 2010 年以来累积的产能量，将使面板产业供过于求的状况更加明显，厂商势必将产能稼动率向下调整，预估 2012 年的面板厂整体稼动率将在 75%左右，这样才能使面板供需稳定。

再考虑整年的淡旺季，以及厂商的能力之下，将可以发现，一线厂商如三星、LG，整年仍具有较佳的稼动率，至于其他厂商稼动率则会因为淡旺季变化，影响加剧。

由于整年度的产能闲置偏高，面板价格将难有上涨的空间，只有下跌的趋势，而 32 英寸以下产品，几乎进入面板厂的成本价之下，所以降价幅度有限，不过 40 英寸与 50 英寸产品面板降价幅度将持续增加。

面板厂在价格难以上涨之下，而且从 2010 年第三季亏损至今，2012 年度的经营仍是艰苦，只有透过新产品的推出，以达到价格回升，并且增加产品附加价值，才有机会度过面板产业寒冬。

作者：北京奥维营销咨询有限责任公司　李秋纬

12 3D电视市场剖析与展望

2011 年的中国彩电市场可谓着实让人大捏一把冷汗，上半年的量额齐跌让行业各企业在市场上略有徘徊，但从第三季度开始，在上游厂商、整机品牌商与渠道商的共同推动下，彩电行业产品结构调整迅速推进，行业增幅明显爬升。

LED、3D、智能、云电视等各种行业热点纷纷在 2011 年进入消费者的视野，结合元旦、春节、五一、十一等节庆日销售高峰的推动，迅速推进了彩电行业 IT 化的进程。而 3D 电视技术，则是 2011 年一道亮丽的风景。

一、3D 市场现状与趋势分析

1. 3D 液晶电视全年累计销售 394 万台，单月渗透最高达 21.59%

3D 液晶电视自 2010 年五一前夕上市以来，历经了一年的市场孕育期，进入 2011 年，市场开始出现放量增长趋势，销售渗透快速抬升，这与 LED 背光液晶电视的发展轨迹十分相似，即一年市场培育，一年高速增长，转折点在 2010 年五一，参见图 12-1。那么，3D 电视是否有机会重演 LED 背光液晶电视的高速发展轨迹？值得业界关注和探讨。

根据奥维咨询（AVC）月度零售推总数据分析，2011 年，3D 液晶电视经历了一个明显的低开高走的过程，1 月份销售 6.3 万台，渗透率为 1.3%，到 12 月，迅猛增长到单月销售 93.1 万台，渗透率最高达 21.59%。从全年来看，3D 电视累计销售 394 万台，占全年液晶电视销量的 10.6%，参见图 12-2。

2. 国产品牌引领市场发展，3D 出货量持续走高

2011 年全年，各整机厂商共推出 3D 电视产品 247 款，尤其是在五一促销期来临前，各厂商积极备货，使得 4 月 3D 新品占当月 LED 新品上市 53%，3D 成为液晶电视市场主销概念，大尺寸产品 3D 功能逐渐成为主流。

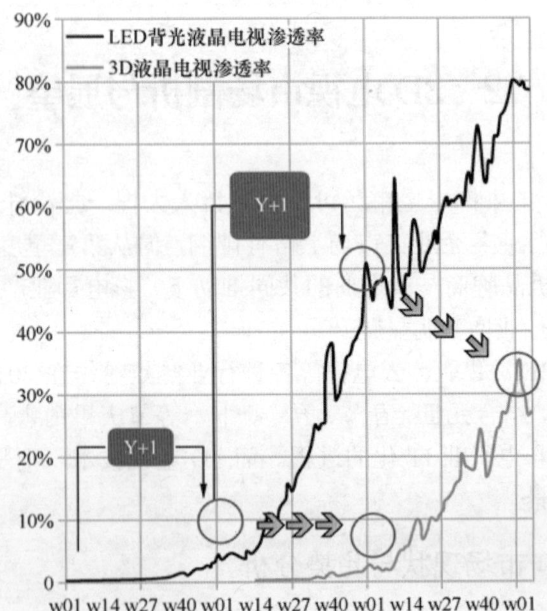

图 12-1　LED 背光液晶和 3D 液晶电视城市零售渗透率

（数据来源：奥维咨询）

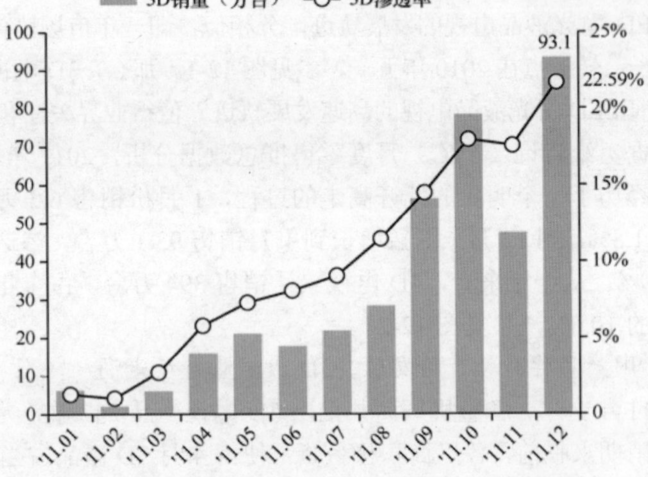

图 12-2　2011 年 3D 液晶电视月度销量与渗透率

（数据来源：奥维咨询）

经过一年的市场推广，国内整机厂商在3D产品上的投入已不容小觑。据奥维咨询（AVC）出货数据分析，12月份海信、创维的3D电视出货量分别为70万台和50万台，占内部出货比重高达40%～45%，国内骨干整机企业在2012年1月起出货量内部占比有望突破50%，参见图12-3。

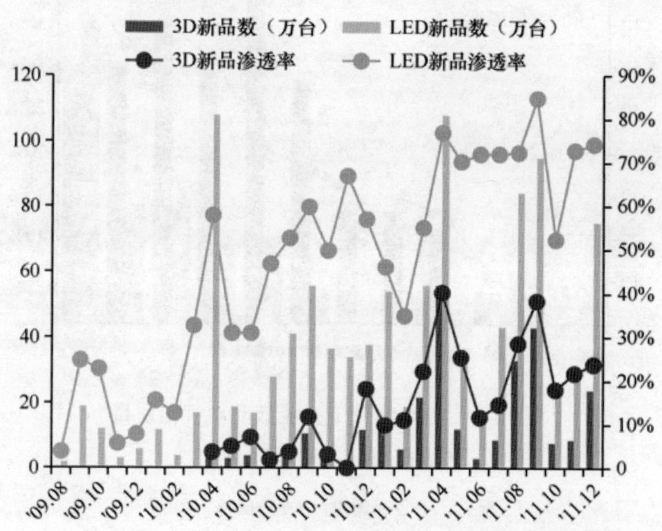

图12-3 3D液晶电视上市新品数量

（数据来源：奥维咨询）

从品牌结构来看，2011年也是国内厂商逐步占领国内3D电视市场的一年。根据奥维咨询（AVC）月度零售监测数据显示，2011年全年，国内3D液晶电视市场内外资比为78:22，国产品牌主导国内3D液晶电视市场，而在1月份，内外资比仅为32:68，进入3月，随着国内品牌为备战五一促销期，推出3D新品力度加大，局势出现逆转，内外资比变为54:46，国产品牌顺利控制局面，此后内资占比逐级提高，到12月，内资品牌占比已达84%，参见图12-4。

其中，创维、海信、康佳、TCL、长虹位居前5位，占据74%的市场份额。国产品牌阵营的迅速壮大是推高国内3D液晶电视销售的重要因素。外资品牌中，索尼、三星、LG、夏普占据22%的市场份额，外资品牌分化明显，韩系迅速崛起，日系逐渐没落，参见图 12-5 和图 12-6。

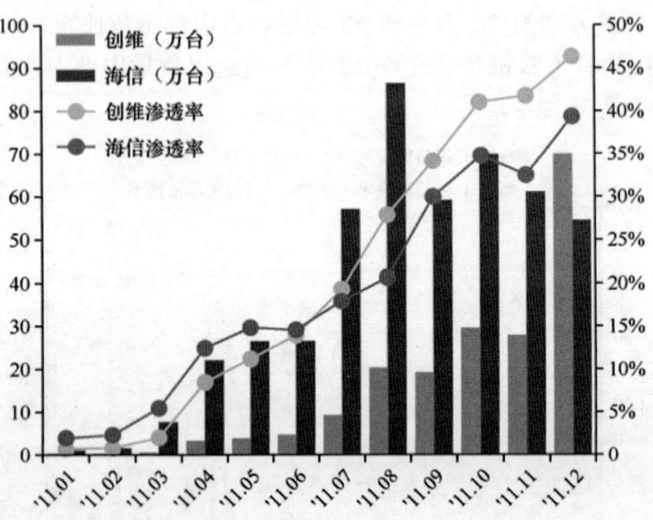

图 12-4　2011 年骨干企业液晶电视出货量

（数据来源：奥维咨询）

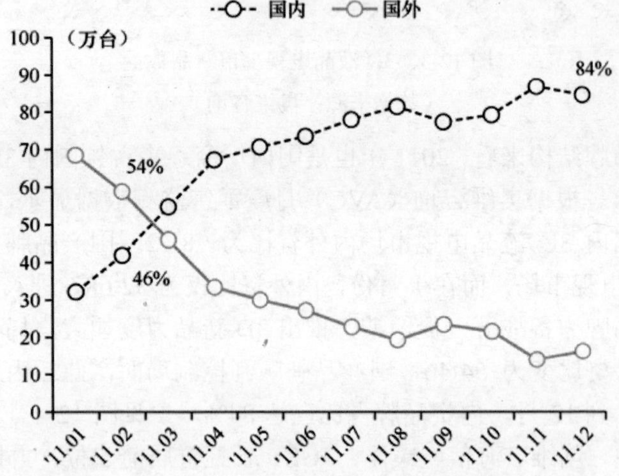

图 12-5　3D 液晶电视内外资占比

（数据来源：奥维咨询）

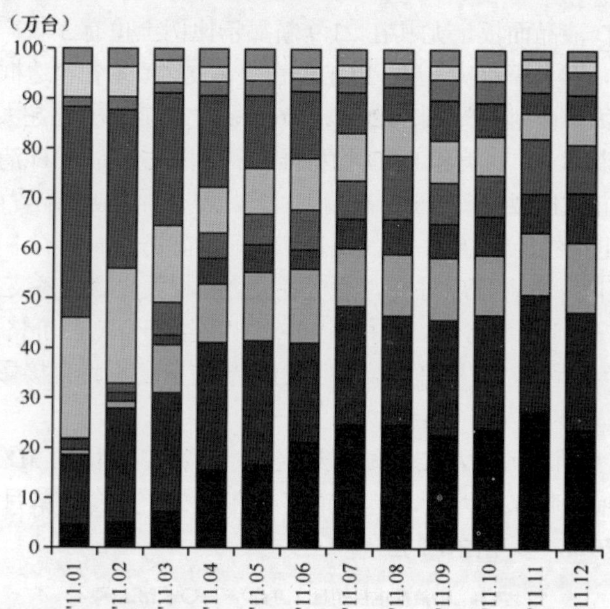

注：柱状图中各矩形区域由上到下依次代表 LG、夏普、海尔、索尼、三星、长虹、TCL、康佳、海信、创维。

图 12-6　3D 液晶电视主要品牌月度监测份额

（数据来源：奥维咨询）

3. LED-3D 面板供应分野明显，2012 年 3D 液晶电视有望销售 1527 万台

2012 年，3D 电视市场又将出现怎样的变动与发展？从目前上游厂商公布的量产计划来看，CCFL-3D 面板的供应渐成末流，仅 LGD 一家在 32 英寸、37 英寸、42 英寸、47 英寸 4 个尺寸段上推出了 60Hz FHD 的产品，其他厂商并无生产计划。

而在 LED-3D 内部，则呈现出明显的分化趋势，D-LED（直下式 LED 背光）和 E-LED（侧入式 LED 背光）二者的分野十分明显。奇美（CMI）在 D-LED 方面推出 7 款 3D 面板，涵盖了 32 英寸、39 英寸、42 英寸、46 英寸、50 英寸等多款尺寸，LGD 也推出了一款 32 英寸、60Hz FHD 面板。友达光电（AUO）则在 E-LED 方面大举推

出多款3D液晶面板，尤其在21:9新显示比例上也有3款产品推出。

此外，四大厂商（三星、LGD、奇美、友达）均在窄边框系列产品中强势发力，计划量产多款120Hz和60Hz的3D产品。在超大尺寸、超清和高刷新率上，奇美和LGD均将推出多款相关产品，UD清晰度级别的产品将正式出现在市场上，高端旗舰产品将有新的硬件配置可供选择。

3D电视经历了2011年的快速增长，目前仍然面临着中小尺寸渗透力度有限、概念推广过度、消费者疲劳、相关内容服务支持力度有限等一系列问题。此外，2012年的产业供给配合度，价格、成本、获利的契合程度，产业环境支撑和消费导向策动也将直接影响3D电视在新的一年的发展与走向。

根据奥维咨询（AVC）预测数据显示，2012年国内3D液晶电视销量有望达到1527万台，单月销售最高达223万台，单月渗透率最高达51.76%，参见图12-7。

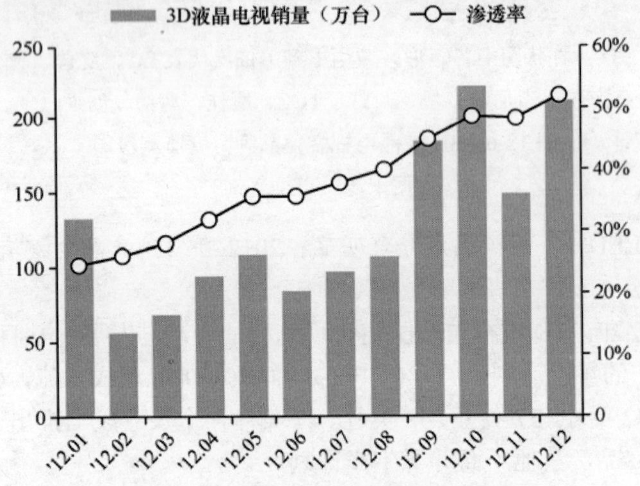

图12-7　3D液晶电视销量和渗透率预测

（数据来源：奥维咨询）

在尺寸分布上，54英寸以上产品的渗透率有望在年底达到100%，44～49英寸产品的渗透率有望达到90%以上，30～33英寸等小尺寸产品的渗透率也有望达到22%，参见图12-8。

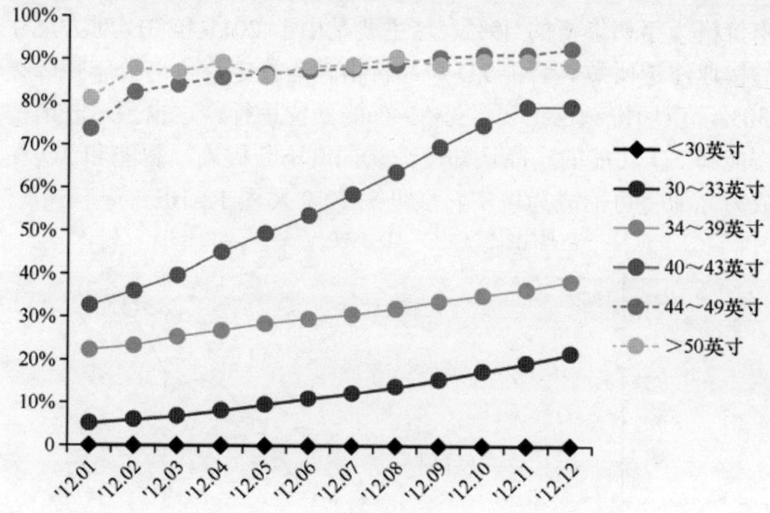

图 12-8　部分尺寸 3D 液晶电视渗透率预测

（数据来源：奥维咨询）

3D 影像技术在经历 7 次发展高潮后，终于在过去一年中（2011 年）通过电视真正实现了与广大消费者的深度碰撞。3D 技术快速渗透的同时伴随着 LED 对 CCFL 背光技术的替代，使其如虎添翼，有望在 2012 年取得不俗的成绩。同时也应看到，由于在中小尺寸的渗透难题始终难以破解，3D 电视技术的快速成长遭遇到了一系列的困境，但随着 3D 内容资源的不断丰富和相关设施的不断完善，相信在 2012 年，3D 液晶电视产品的销售仍将取得不俗的成绩。

二、3D 与智能关系剖析

1. 3D 和智能功能渐趋主流，价格日渐亲民

2011 年，3D 产品渗透率快速提升，作为 3D 电视后续力推的智能电视，也在 2011 年赚尽风头，二者相辅相成，共同发展。3D 功能几乎成为高端智能电视的标配功能，其中，3D-Smart、3D-Simple 两大细分产品在销售中的比重逐级提升，在年末时分别达到 14%、12%。

此外，3 类产品价格在 2011 年降幅明显，其中，3D 非智能产品的价格降幅最大，年末价格仅为年初价格的 36%；3D 智能产品次之，

年末价格为年初价格的 49%。这主要是由于 2011 年 3D 对大尺寸产品的快速渗透所致。智能 2D 产品价格较为稳定，价格较年初降幅仅为 30%，市场份额也主要维持在 4%的低位运行。这也预示着消费者对智能和 3D 功能的产品认知度、认同度不断提高，智能和 3D 在未来成为标配将可能成为现实，参见图 12-9 及图 12-10。

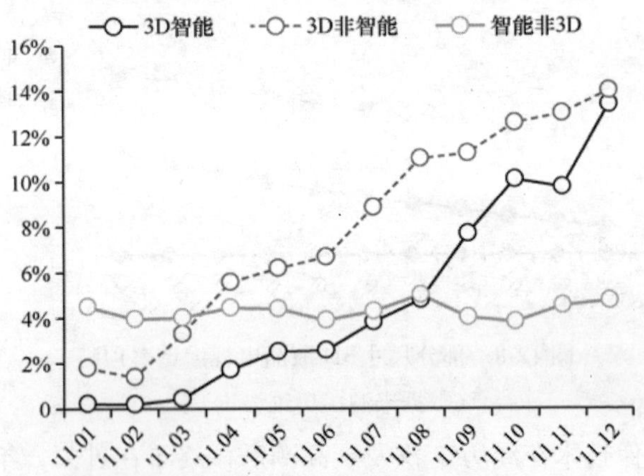

图 12-9　液晶电视 3D 智能功能监测比重

（数据来源：奥维咨询）

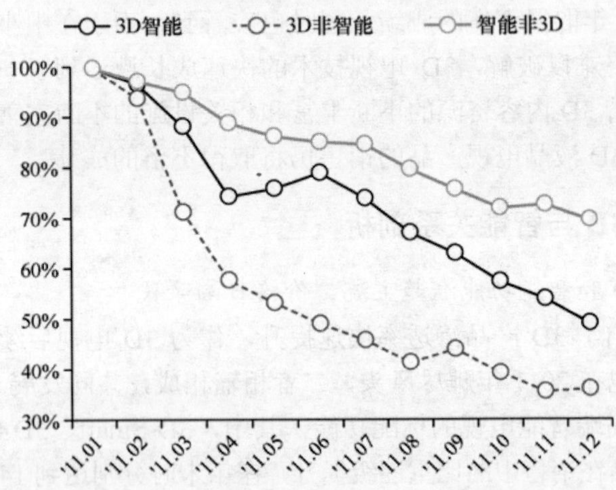

图 12-10　液晶电视 3D 智能功能价格变化

（数据来源：奥维咨询）

2. 3D-Smart：LED 统领市场，价格持续下降

从前，拥有智能功能的 3D 电视始终是以 LED 为背光源的。2011 年 7 月，采用 CCFL 作为背光源的 3D 智能电视开始进入市场，以其低廉的价格赢得了一定的市场，份额基本维持在 5%左右，进入 12 月以来，该产品的价格降幅为 1000 元，只有康佳一个品牌持续推出此类产品。

而以 LED 为背光源的 3D 智能电视份额维持在 90%以上，2011 年 12 月，该类产品比重占液晶电视销量的 13.5%，呈现持续上升态势。随着 LED 产品价格持续走低和海信、TCL、康佳、三星等主力厂商的持续推广，LED 背光的 3D 智能电视将始终是该细分市场的主流，参见图 12-11、图 12-12 和图 12-13。

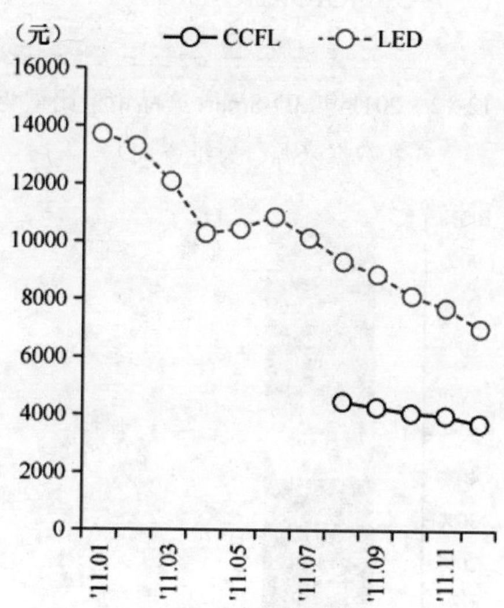

图 12-11　2011 年 3D-Smart 产品价格变化

（数据来源：奥维咨询）

3. 3D-Simple：CCFL 经历低起高落，LED 为主流

该类产品在 2011 年 12 月占液晶电视销量的比重为 14.1%。CCFL 产品自年初以来在头两个月经历了一个快速降价的过程，随着主力厂商参与度提高，在 3D-Simple 产品中份额快速上升，而自 3 月以来，

该产品价格降幅微小的事实也反映出该产品的获利空间有限。从 8 月开始，随着部分厂商逐渐减少在该领域的投入，份额快速下滑，年底前，仅剩创维、长虹两家仍有产品投放市场。

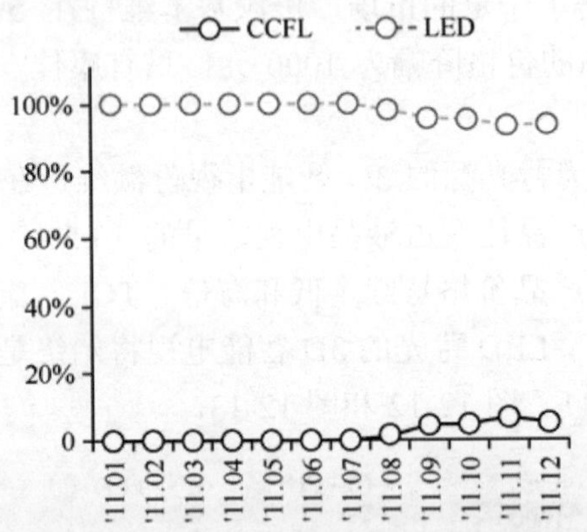

图 12-12　2011 年 3D-Smart 产品销量比重变化

（数据来源：奥维咨询）

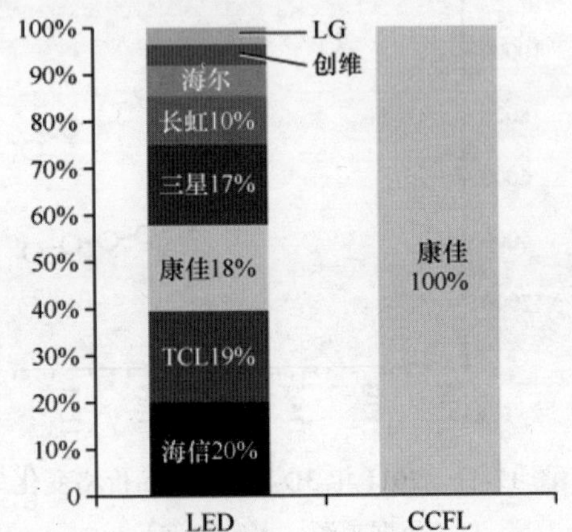

图 12-13　2011 年 3D-Smart 产品主要品牌份额

（数据来源：奥维咨询）

采用LED 作为背光源的产品，价格自 2011 年年初开始一路走低，从 16000 元降至年末的 7000 元左右，始终为市场的主流产品。在经历了 CCFL 的低起高落之后，该类产品的份额在年末回到 80%左右，整机厂商依然看好此类产品的潜力，其中创维、海信、索尼为主力厂商。随着 CCFL 背光源在此类产品中逐渐减少，LED 对 CCFL 的替代逐渐完成，参见图 12-14、图 12-15 及图 12-16。

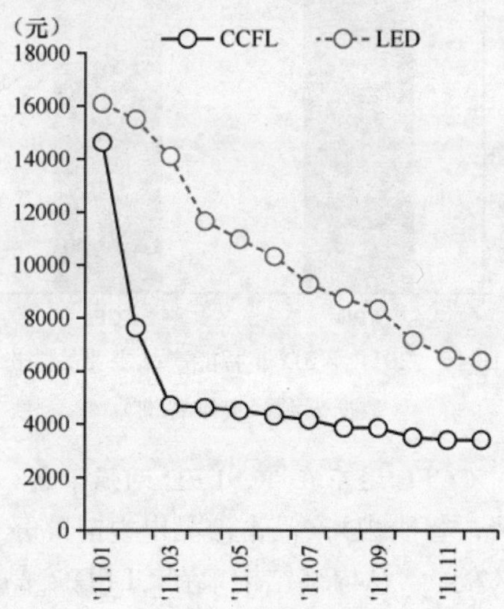

图 12-14　2011 年 3D 非智能产品价格变化

（数据来源：奥维咨询）

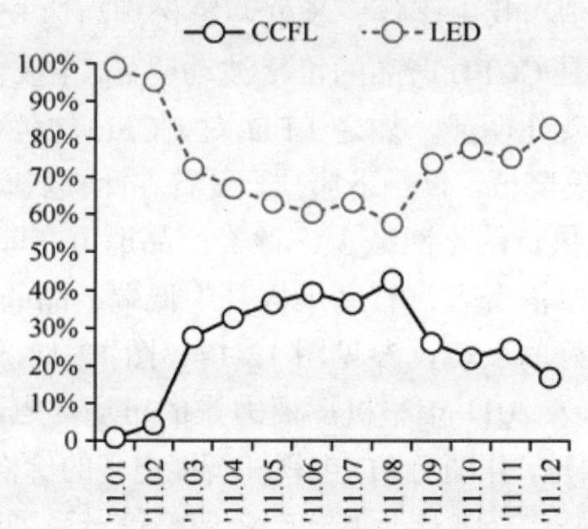

图 12-15　2011 年 3D 非智能产品销量比重变化

（数据来源：奥维咨询）

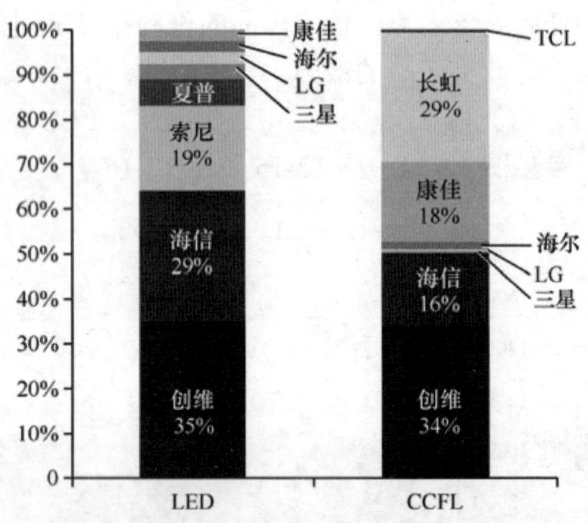

图 12-16　2011 年 3D 非智能产品主要品牌份额

（数据来源：奥维咨询）

4. 智能 2D：CCFL 退市在即，LED 两强争霸

2011 年 12 月，智能 2D 产品占液晶电视销量份额为 4.8%，且份额持续稳定在 4%左右。从内部结构来看，LED 产品始终是该类产品的主要背光源，内部占比维持在 90%以上，且随着 LED 背光模组价格走低趋势明显，LED 背光产品的份额一直稳定，主力厂商为康佳、TCL、长虹、海尔，其中康佳、长虹两家份额高达 85%。

与此相对的是 CCFL 产品的价格波动明显，主要由于各厂商在此细分市场的投入变化明显，加之 LED 对 CCFL 的替代为大势所趋，最终各厂商参与度降低，仅剩下康佳、夏普在此领域有较多产品投放，随着 CCFL 面板供货的不断减少，该类产品退市在即。此类智能 2D 产品定位于中低端消费者，有助于提升中低端产品的性价比，在三、四级市场将有较好的表现，参见图 12-17、图 12-18 及图 12-19。

3D、智能作为 2011 年整机厂商力推的市场热点，在过去一年中（2011 年）赚尽眼球，伴随着 3D 电视和智能电视的价格日趋亲民，LED 对 CCFL 的快速替代，以及上下游产业调整等一系列因素，两大功能的组合与变化层出不穷，在各个细分市场和消费群体均有产品布局。

相信在2012年，随着各类新技术的加入以及相关内容的不断完善，两大功能必将碰撞出新的火花，为业界创造更多的市场机会和赢利点。

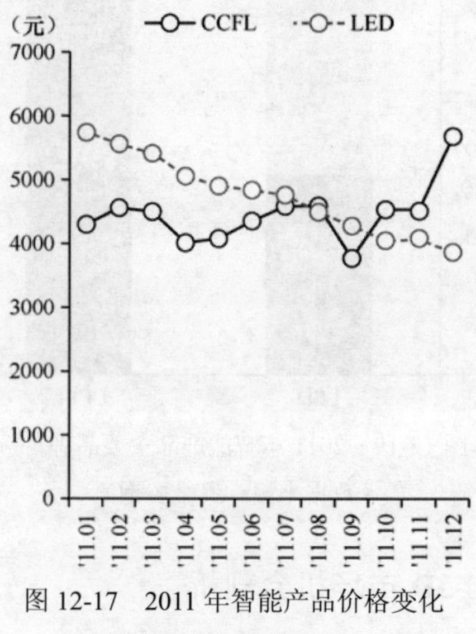

图 12-17 2011年智能产品价格变化

（数据来源：奥维咨询）

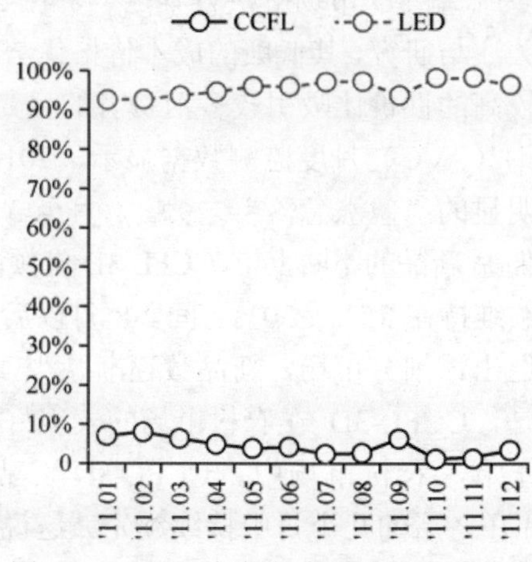

图 12-18 2011年智能产品销量比重变化

（数据来源：奥维咨询）

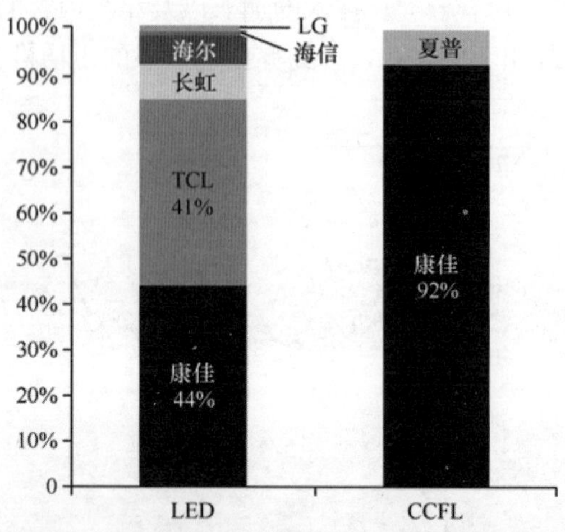

图 12-19　2011 年智能产品主要品牌份额

（数据来源：奥维咨询）

三、CCFL-3D 市场机会剖析

1．CCFL-3D 2011 年市场表现

CCFL-3D 作为低端 3D 市场解决方案之一，在 2011 年液晶电视市场的表现值得关注与研究，其低廉的成本价格优势引得多数厂商驻足流连，也因其较高的性价比吸引较多消费者的目光。

根据奥维咨询（AVC）月度监测数据显示，2011 年，CCFL-3D 市场表现呈现出明显的“急涨急落”之势。1 月至 3 月，随着元旦、春节促销的持续推高，新品的不断上市，CCFL-3D 份额快速提升至 25%。4 月至 8 月，份额维持在 25%～30%之间。8 月以后，以海信为代表的主力厂商渐渐退出该细分市场，新品数逐渐减少，份额快速回落。

值得注意的是，CCFL-3D 在农村市场的表现好于城市市场。从 2011 年一季度开始，农村市场中，CCFL-3D 产品份额迅速超越 LED-3D 产品，并在之后的几个月中持续领先。这说明其在性价比上具有较高优势，尤其是在消费者对 3D 产品认知度并不高的地区，能够取得一定的市场地位和销售业绩，并作为优于传统 CCFL 液晶电视的产品，满足农村市场消费者的差异化需求，参见图 12-20 及图 12-21。

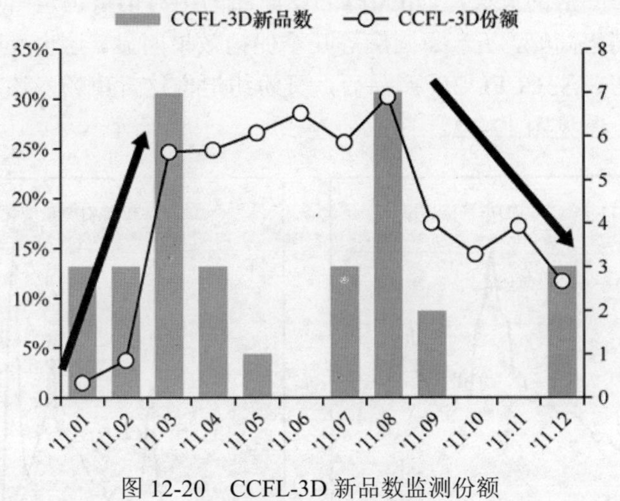

图 12-20 CCFL-3D 新品数监测份额

（数据来源：奥维咨询）

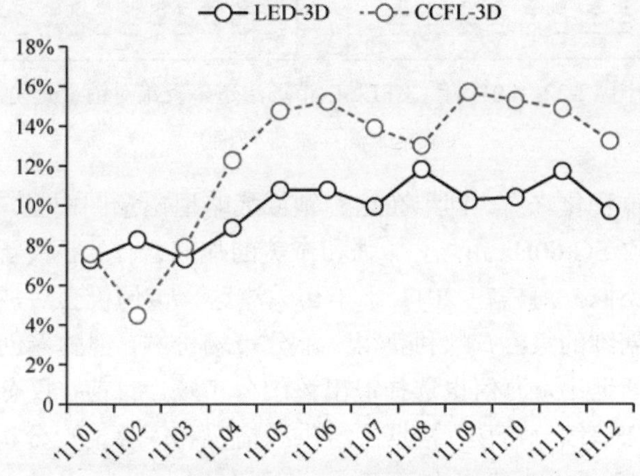

图 12-21 3D 液晶电视两种不同背光源农村市场份额

（数据来源：奥维咨询）

2. CCFL-3D 前景判断

根据奥维咨询（AVC）周度零售监测数据显示，CCFL-3D 在 2011

年 3D 液晶电视市场渗透率经历了 3 次高峰，整体呈现出低开高走，最终大举回落的过程，而 CCFL-3D 产品的绝对销量也是出现了 3 次明显的销售高峰，五一、国庆等旺季促销效果明显。这也反映出各厂商在年初关注 CCFL-3D 产品后，又纷纷退出这一市场，该市场吸引力有限，参见图 12-22。

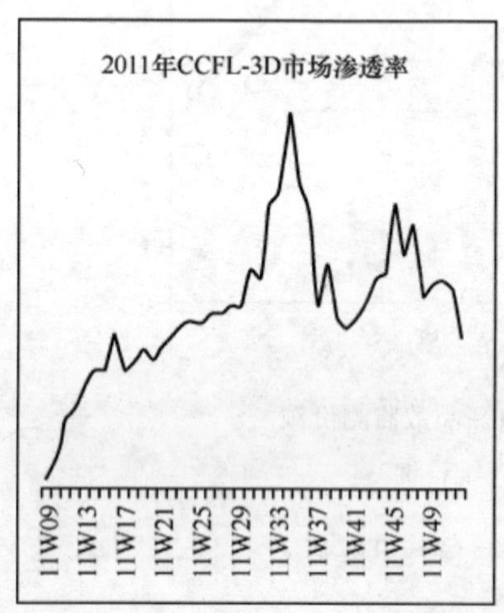

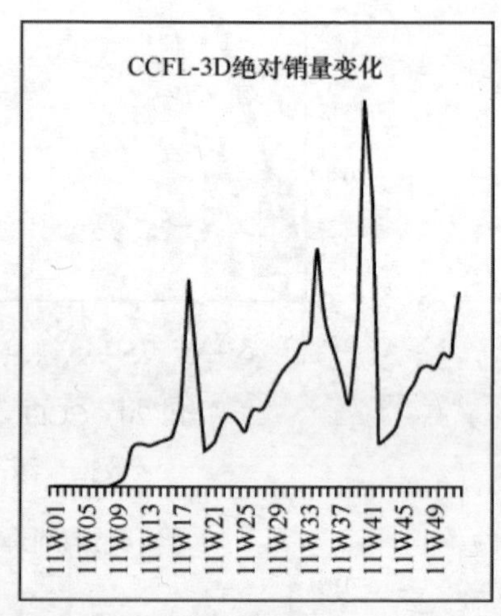

图 12-22　2011 年 CCFL-3D 市场渗透率及绝对销量变化

（数据来源：奥维咨询）

从竞争变化来看，创维在这一领域战略退出意图明显，目前已开始全力主攻 SG 60Hz 市场，加强和奇美的战略合作，寻找新的市场机会。与此类似，海信在 2011 年年初关注这一市场机会后，采取了由低价打击创维的策略，顺利获得一部分市场份额，但随着创维在这一领域的逐渐退出，海信也选择退出该细分市场。目前，仅有康佳和长虹继续坚守该细分市场，根据上游供应情况和库存情况分析，预计二者将在 2012 年下半年退出该市场。

此外，从获利水平上看，虽然 CCFL 面板的价格低于成本价格，但整机 CCFL-3D 毛利低于 20%，获利水平较低，尤其在 40 英寸以上的大尺寸产品中，与 LED-3D 或其他 2D 产品均存在较大差距，对厂商缺乏吸引力。

从上游供应上也可以看出，2012 年仅 LGD 一家在 CCFL-3D 面板上有供应，几乎在 CCFL-3D 的规格中 LGD 供应量均不会增加。另外，LED FPR 产品也都是 LGD 供应，利润较好，即将成为下一个市场机会点。此外，奇美和创维在 60Hz SG 产品上形成战略合作，目前市场销售良好，国内厂商在此细分市场的投入预计将逐步减少。

从各个细分尺寸段上分析，32 英寸产品 3D 产品渗透率低，仅 8%，而且 3D 在小尺寸产品上很难看出显示效果。此外，2011 年 CCFL-3D 的 32 英寸产品全年价格降幅高达 34%，高于 LED-3D 产品 7 个点位，获利空间大幅下降，毛利低于 20%，主力厂商创维、海信更偏重于 LED PR 3D 产品。

37 英寸产品中，CCFL-3D 比重相对较高，参与厂商主要是长虹、康佳、创维，其他品牌参与较少。与 LED-3D 产品相比，该尺寸段的 CCFL-3D 产品价格降幅最小，毛利水平相对较高，其主力厂商之一的创维明显着眼于 LED-3D 市场，也表明该尺寸段上前景并不明朗。

42 英寸 3D 液晶市场的竞争最为激烈，与其他尺寸相比，由于整机厂商可选择的供应商最多，LED-3D 对 CCFL-3D 的替代过程最为强烈，使得 CCFL-3D 市场比重最低。

而在 46 英寸和 47 英寸产品中，2011 年 CCFL-3D 经历了一个震荡下行的过程，虽然与 LED-3D 产品相比，在该尺寸段中 CCFL-3D 产品拥有明显的价格优势(价差达 1.38)，但由于供货商仅 LGD 一家，整机厂商更愿意选择毛利更高的 LED FPR 面板，特别是创维基本以 LED FPR 为主。保守预计随着 LED-3D 的大举入侵，CCFL-3D 在该尺寸有可能率先退出市场。

由此不难看出，CCFL-3D 产品的市场比重已从高点迅速下降，尤其在 32 英寸、42 英寸、47 英寸上比重下降到 20%以下。随着获利性逐渐下降至 20%以下，上游面板供应也呈现稳中有降，主力电视厂商也正持续退出，参见图 12-23。

此外，随着 SG 60Hz 3D 产品大幅放量，SG 60Hz 3D 产品有望取而代之成为新的市场机会点，成为主流低端 3D 液晶解决方案。无论是对于 LGD，还是整机企业，CCFL-3D 都已完成抢占市场份额和舆论高点的使命。CCFL-3D 确定为过渡性产品，退出时间大致预估在 2012 年年底。具体时间点的确定需要根据 D-LED 成本下降、国产品牌推进和“节能补贴”政策的进程。

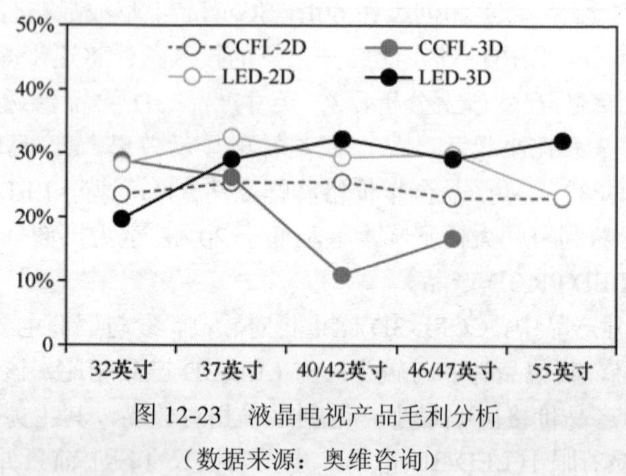

图 12-23 液晶电视产品毛利分析

（数据来源：奥维咨询）

四、总结

综观 2011 年全年 3D 液晶电视市场发展，各整机厂商由初步试水到全面布局，引发 3D 电视销售一路高歌猛进，同时，智能电视在 3D 电视之后横空出世，两大新锐功能完美结合，创造一系列旗舰产品赢得了广大消费者的赞许。

随着背光源技术的不断演进和上游厂商的不断推动，CCFL-3D 顺利完成其历史使命，退市在即，LED-3D 产品未来将持续引领 3D 电视产业快速发展。我们有理由相信，随着大尺寸产品份额的不断扩大，3D 内容的不断丰富和完善，以及整个产业链、价值链建构的完成，3D 电视必将在 2012 年创造出新的辉煌，真正走向普及、走向完美。

作者：北京奥维营销咨询有限责任公司　贺然　李秋纬

13 3D等离子电视笑傲市场

2011年11月开业3天，3D等离子电视的单店单品牌销量超过1000台；2012年元旦和春节期间，其50英寸产品卖断货。据四川自贡市程兴家电的副总陈志介绍，3D等离子电视在三、四级市场颇受欢迎，销量超过3D液晶电视在意料之中。

众所周知，在平板时代，因等离子领域面板研发生产的门槛高、面板寡头控紧资源等因素，彩电企业纷纷力推参与度更高的液晶电视，促使液晶电视长期雄霸市场。然而，新技术的市场化可以带来一个产业链的繁荣。3D与等离子技术的融合，催生出全新的产品品类，也使等离子产业重焕出勃勃生机。

3D等离子电视能笑傲三、四级市场，颠覆液晶电视长期盘踞的霸主地位，这绝非偶然。彩电行业知名专家文建平先生表示，三、四级市场的产品结构持续快速优化，在3D频道试播、3D内容扩充及奥运会、欧洲杯等体育赛事的刺激下，2012年3D新品的普及进程将进一步加速，而消费者对3D等离子这一新产品的态度并不保守。随着3D电视及三、四级市场战略地位的提升，如何打好3D电视在三、四级市场的攻坚战将是企业重点考虑的问题。从这个意义上来说，3D等离子的案例很值得借鉴。

市场攻坚战说到底是企业实力的大比拼。销售推广、产品、售后服务、渠道、品牌、内部系统管理等因素构成了企业的核心竞争体系。其中，销售推广和产品是赢得三、四级市场至为关键的两大要素，这在3D等离子翻盘战役中被一再印证。

三、四级市场的产品销售更依赖于渠道的推广，在多年的卖场运营中，陈志无疑是深谙市场路数的，也摸透了当地消费者的特性。从消费需求来看，因追求心理满足、消费水平提升、客厅面积较大等主客观因素，三、四级市场的消费者较青睐大尺寸中高端时尚新产品；同时，对物美价廉且具有高性价比产品的追求也是消费决策的重要影响因素。从消费者引导来看，相较于一、二级市场，三、四级市场消费者的信息获取渠道较单一，主要来自人际传播和活动推广，因而，他们相对感性且容易受终端推广的影响，看重产品的功能性体验。

针对消费需求及特征，程兴家电加大销售推广力度。在确定主推3D等离子的方针后，卖场内的3D等离子电视涵盖长虹、TCL、康佳、索尼、三星、松下、东芝等中外品牌，产品数量占3D电视总量50%以上，组成强大的产品阵营，以气势和氛围来影响消费者，凸显3D等离子在中高端产品上的主导地位。

在产品体验上，卖场更是下足了功夫。3D电视能给消费者带来身临其境的视觉震撼体验，针对这一主打卖点，3D产品推广的卖场体验必须做足。卖场产品展示、物料展示、促销员的推荐演示等，使消费者相对高效和立体地获取产品信息，在功能性体验中，眼见为实成为最好的注解。当然，这都是基于3D等离子电视的切实优势。

在产品性能上，作为专门适用于电视的显示技术，与3D液晶电视相比，3D等离子电视在色彩还原保真、动态清晰度、黑色细节表现等方面有着得天独厚的优势。而且，随着3D技术、新型节能技术和窄边框技术的发展，基于等离子自发光这一技术特点，其显示优势得到进一步加强，能提供全高清的舒适观看体验，符合消费者对出色画质、舒适护眼的最本质需求。同时，其原有的功耗和能效短板也得到了迅速改善，等离子电视一改过去耗电、笨重和外观粗放的特征，变得节能而纤薄，这大大满足了消费者节能时尚的实用和心理需求，使3D等离子电视的产品竞争力得到显著提升。

在产品性价比上，惠民政策和企业成本控制使终端能更大程度地让利于民。2011年年前以旧换新和家电下乡政策拉动内需，对产品销售起到直接推动作用。2011年年后，虽然以旧换新政策退出，但家电下乡在大部分省市依旧延续，而节能补贴政策也值得期待。在企业端，长虹等企业挟产业链优势有效地控制成本，提升了产品的让利空间。据程兴家电陈总介绍，长虹中高端系列50英寸3D等离子电视节日促销价降至6999元，被消费者哄抢。“老百姓就需要又好又实惠的产品。”消费者王女士说出了大众消费者的心声。

在售后服务、渠道、品牌、内部系统管理方面，切入3D等离子领域的中外知名彩电品牌各有优势，其中，长虹一直令人关注。长虹在中国彩电市场拥有最大的存量用户，而据奥维咨询（AVC）调查显示，长虹的用户品牌忠诚度位于前列，这不仅体现出其高品牌价值及号召力，同时也意味着潜在的庞大消费市场。

作为 3D 等离子领域的翘楚，抛开产业链、产品、技术等核心优势，长虹自贡分公司负责人邵经理透露，长虹在三、四级市场深耕了很多年，渠道客户基础深厚，销售团队也富有经验，集团资源向等离子领域倾斜，这都有利于促使产销链稳定通畅而高效地运转，也形成了 3D 等离子电视称雄三、四级市场的实力后盾。

然而，3D 等离子电视虽然在三、四级市场发展势头良好，也尚存在质疑和隐忧。

液晶是主流，等离子电视将逐渐势微，这是主要质疑点。对于 3D 等离子电视的前景，中国十大品牌专家、路尚智达总裁李海龙抱有乐观态度。他认为，3D 产品注重功能性感官体验，尤其是在三、四级市场，做好品牌接触点营销将是制胜的关键。终端是与消费者以及竞争对手短兵相接的前线战场，终端推广是最实效的广告，而产品演示及体验则是最具威力的销售利器。3D 等离子电视在产品功能体验中的独特优势，是其赢得消费者青睐的核心因素，也是其无法抹杀的存在价值。

由此，这一质疑也被轻易破解。

关于 3D 等离子的隐忧，主要来自面板和显示技术端。从松下断臂到三星、LG 将逐渐停产等离子面板厂的传言，都意味着等离子领域参与者的减少，而坚守的企业将在推广上面临更大压力。而 OLED 技术发展提速和三星 5.5 代 OLED 面板厂投产，则预示着新一轮显示技术升级的序幕在逐渐开启，这或将对等离子产业及产品造成一定的冲击。

不过，现在的市场是买方主导。何况，从消费者的个性需求、企业的差异化发展、市场的良性运转来看，彩电行业都应该鼓励产品多元化，保证其丰富性，才能更好地推动整体行业前行。李海龙笑道，“我们应该欢迎 3D 等离子电视。”

作者：北京奥维营销咨询有限责任公司　谢燕顺

14　智能电视产业发展现状及趋势

一、智能电视发展现状及建议

1. 云服务给智能电视带来的体验

电视机正进入网络化和智能化时代，随着交互体验和内容服务丰富程度的逐步提高，单靠终端已经很难承载复杂的计算任务。云加端是产业和技术发展的必由之路，也是符合消费者需求的技术解决方案。因此未来的智能电视，将会是“智能终端＋云服务”的模式，参见图 14-1。

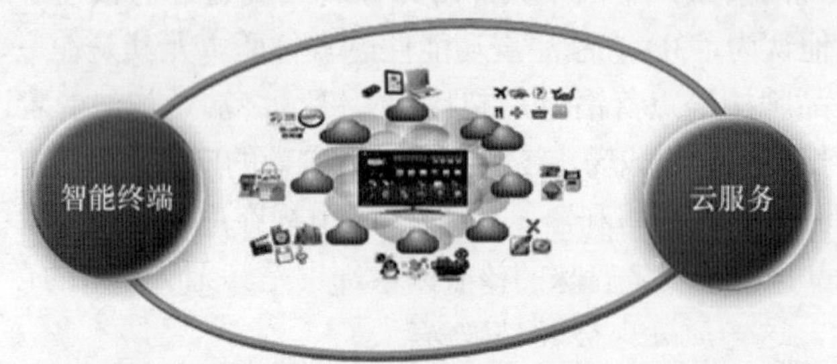

图 14-1　智能电视未来模式

2. 智能电视，国际化与本土化的双重挑战

基于国内现有的节目传输环境以及内容管理政策，国内智能电视与国际上流行的开放式平台概念并不完全一致。对国内厂商来说，具有掌握用户需求及新技术市场化的优势，面临的是标准、专利、芯片和系统方面提高国际化竞争力的课题；而对国外厂商来说，要进入中国市场，需要了解中国用户的需求，并对其全球化平台作中国本土化修改。

3. 智能电视领域的技术合作

对内地厂商来说，除了“修炼内功”之外，积极开展合作，可以更快地提高国际竞争力。海峡两岸早在2008年就开始了液晶面板等领域的交流合作，并且随着电视技术的发展，合作的深度和广度都在日益拓展。我国台湾地区拥有电视主芯片制造，以及智能终端领域的众多专利技术；而大陆厂商，除了拥有品牌和用户，以及把新技术快速市场化等优势以外，也在很多领域拥有自身的标准和专利。海峡两岸目前正对智能电视领域的合作进行深入探讨，不断开拓新的合作局面。

4. 智能生态链，需要逐步走向完善和成熟

智能电视，不单单是内容商和电视终端的问题，其背后是一个复杂的生态系统。芯片设计离不开操作系统，操作系统设计离不开对内容服务和终端的定义，内容服务又离不开网络服务商和增值服务商的支持，而用户最看重的“终端体验”，跟上述所有因素都息息相关。一个有竞争力的产品，背后有一个庞大的生态系统作为支撑，参见图14-2。

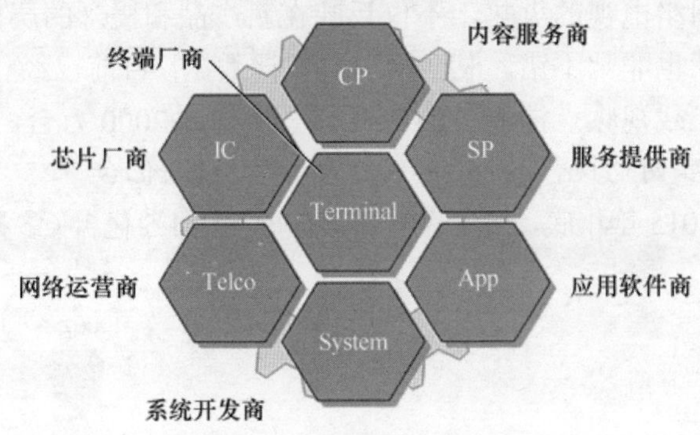

图14-2　智能电视生态链

5. 智能产业，急需生态系统的“协同机制”

在产品和服务的开发环节，涉及产业链上多方的技术标准和开发步调协调；在服务运营环节，涉及产业链上多方的利益分配问题。另外，要确保生态系统的平衡，除了企业要考虑自身的商业模式之外，整个生态系统还需要一个“大商业模式”，以确保所有参与方都能盈利和持续经营，这样才能维持生态系统的长期平衡稳定。而这些协调成本，对单个厂商而言是非常高昂的。中国电子视像行业协会将继续发挥在行业协调、市场协调、技术标准制定和会员服务上的优势，为

智能生态系统的建立，以及行业的整体健康发展做出努力。

6. 认真执行智能电视售后服务规范，确保消费者权益

智能电视也改变了电视机的售后服务方式，传统的家电维修服务模式已难以满足智能电视的网络接入及内容传输过程中出现的各种疑难解答、故障诊断和维修服务要求。因此，在中国电子视像行业协会的协调下，海尔、长虹、康佳、创维、TCL、海信等智能电视厂商共同制定了《智能网络电视售后服务规范》。该规范从 2011 年 12 月 28 日生效，内容涵盖了“智能网络电视的安装、调试、维修操作规范”和“网络故障的处理流程及其断定的方法”两大核心部分。通过规范智能网络电视的安装、维修服务行为，能够更好地提高服务质量，维护广大消费者权益。

二、智能电视市场分析

智能网络电视的火热，不仅反映在新产品和概念的层出不穷上，市场的反馈也非常不错。根据第三方统计数据，目前已经售出的带网络端口、搭载视频点播服务的电视机已经超过 2000 万台。

1. 互联网电视，2015 年年底保有量达 1.5 亿台

预计 2015 年年底，互联网电视保有量将达 1.5 亿台（参见图 14-3），

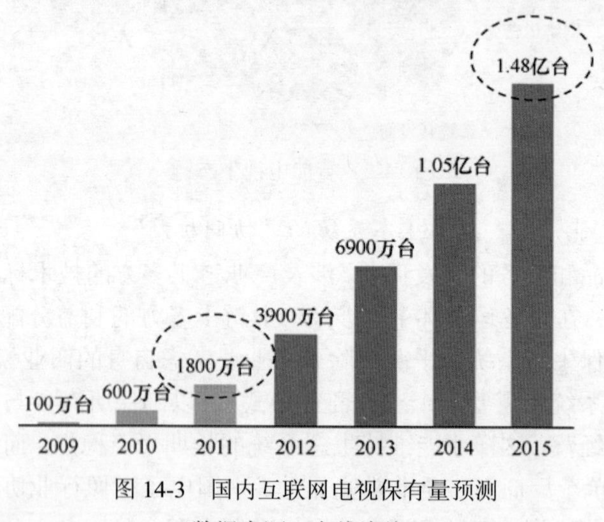

图 14-3　国内互联网电视保有量预测

（数据来源：奥维咨询）

占电视机保有量的 1/4。按照 50%的激活率计算，互联网电视将带来 7500 万的激活用户量。

2. 互联网电视，渗透率近 40%，月均售出 100 万台

2011 年，电视机厂商平均每月售出 100 万台互联网电视，渗透率约已经达到 30%。2012 年，渗透率将高达 48%，即，每售出两台平板电视就有一台互联网电视，参见图 14-4。

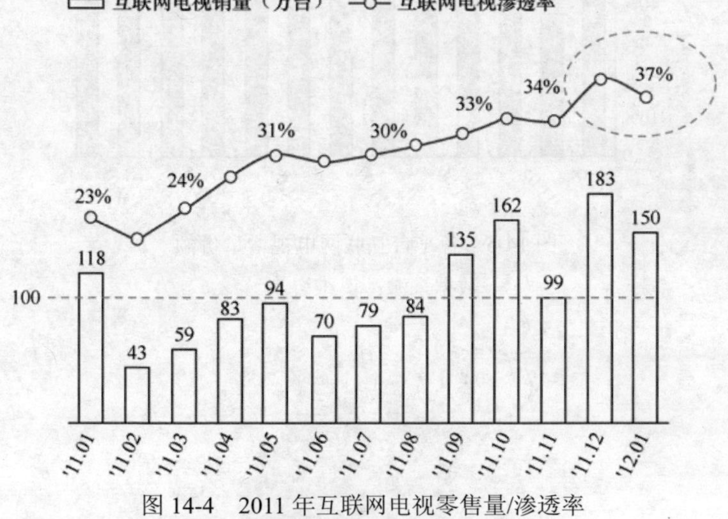

图 14-4 2011 年互联网电视零售量/渗透率

（数据来源：奥维咨询）

3. 内容平台，Wasu、BesTV 用户数量领先

从内容平台的终端推广情况来看，目前华数（Wasu）和百视通（BesTV）的用户数量较为领先，而南方传媒（SMC）和央视的增长速度是比较快的，参见图 14-5。

4. 尺寸结构，40 英寸以上大平板占据 6 成

从尺寸结构来看，互联网电视以大尺寸为主，40 英寸以上大平板占 6 成，30 英寸以下小屏电视不足 1 成，参见图 14-6。

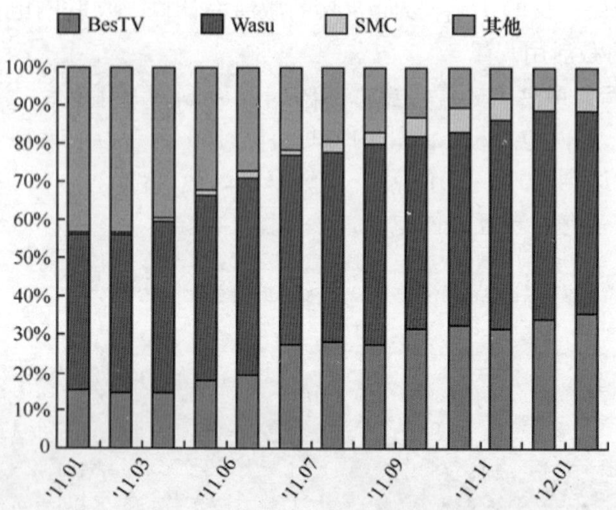

图 14-5 各平台互联网电视增量份额

（数据来源：奥维咨询）

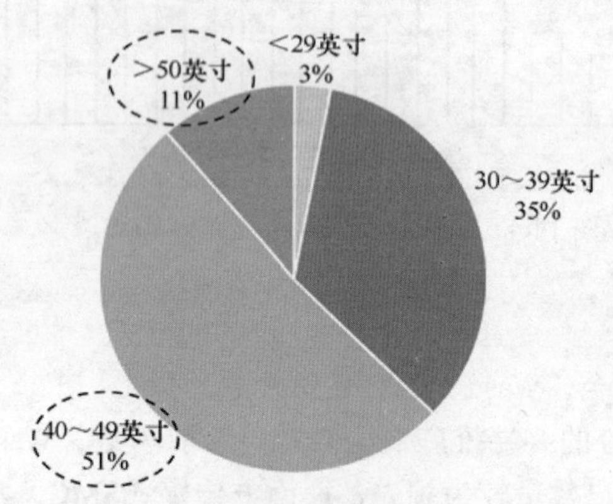

图 14-6 2011 年互联网电视尺寸结构

（数据来源：奥维咨询）

5. 产品定位，中高端为主，3D 占 35%

从产品定位上来看，互联网电视还是以中高端产品为主，3D 产品占了 35%，参见图 14-7。

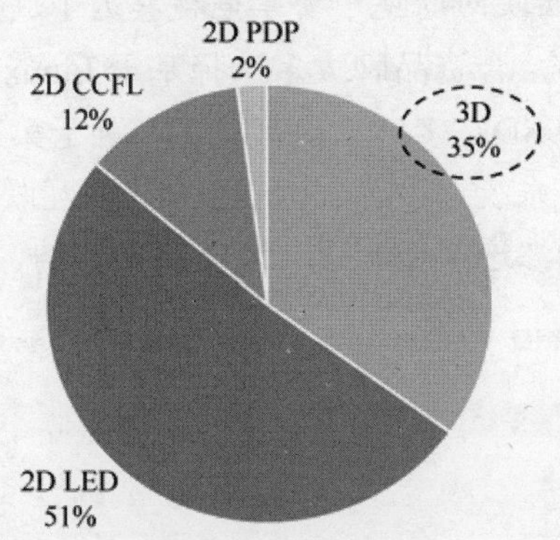

图 14-7 2011 年互联网电视产品结构

（数据来源：奥维咨询）

6. 智能化，超 4 成互联网电视是智能电视

随着智能电视与普通互联网电视成本和售价差距逐步缩小，智能电视销量上升的同时，在互联网电视中的渗透率急速上升。元旦和春节期间，智能电视在互联网电视中的占比已经超过 4 成，参见图 14-8。

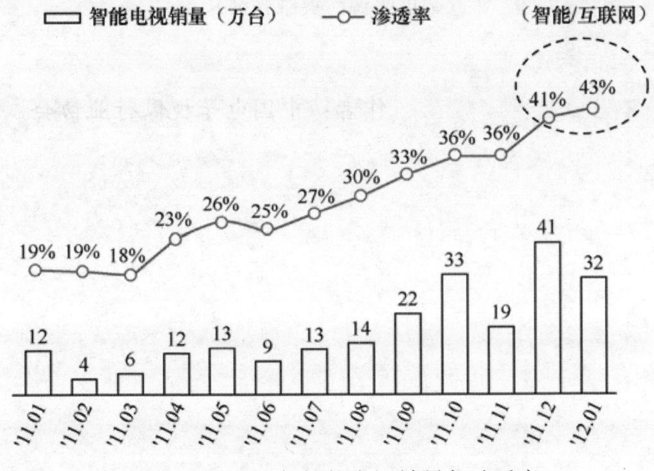

图 14-8 2011 年智能电视销量与渗透率

（数据来源：奥维咨询）

7. 安卓化，互联网电视中安卓电视接近 1 成

在智能电视中，合资品牌大多选择基于 Linux 开发的操作系统；国内品牌更偏向于 SDK 接口相对统一，有利于第三方 App 软件开发的安卓（Android）系统。目前 Android 系统在互联网电视中的比重已经接近 1 成，这个渗透率还有进一步上升的趋势，参见图 14-9。

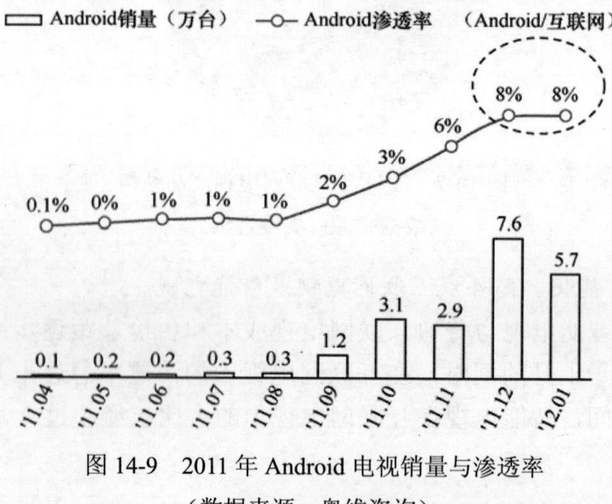

图 14-9　2011 年 Android 电视销量与渗透率

（数据来源：奥维咨询）

作者：中国电子视像行业协会　彭健锋

15 2012年大屏拼接市场发展趋势分析

“十一五”期间，在“平安城市”建设和奥运会、世博会等大型项目驱动下，中国安防行业处于一个前所未有的快速发展期。相较于国外市场，国内安防市场发展相对滞后，然而这也正表明了国内市场的巨大潜力。目前，国内的安防市场已经成为国内外厂商高度关注的焦点。安防市场日益火热，作为视频监控的重要显示终端——大屏在安防行业得到了更广泛应用的同时也迎来了新的行业增长点。

奥维咨询（AVC）市场研究表明，2011 年大屏幕拼接销售额达52亿元，增长20%，其中安防行业的市场规模已达到46亿元，增长了23%，实现了高速增长，同时在市场需求、结构以及技术方面呈现出以下几个主要的特点。

1. 大屏拼接市场新品不断，市场多元化发展

2011 年以来，多家品牌企业推出了多款大屏拼接的新品，使市场颇具看点，其中以液晶拼接最引人关注。三星的 UD 高清系列和UE LED背光系列，以及LG 47英寸超窄边的入市刷新了之前的产品格局，形成了针对不同市场的应用，即从高端到低端各具差异的液晶拼接产品，液晶拼接从而进入了三星、夏普、LG 3 家核心面板企业引领液晶拼接市场的新局面。DLP 拼接技术则发展相对比较成熟，多家DLP拼接品牌企业开始主推LED光源的DLP拼接产品，包括巴可公司的 OVL 系列拼接屏、三菱公司的 70 系列以及威创的 V3L 系列产品等，在高端市场都获得了较好的业绩。等离子拼接由于LG等离子拼接面板技术升级，赛普和德浩先后推出了60英寸无限拼接新品。目前三星、夏普、LG、AUO等几大面板厂商都在积极进行新产品研发，明年将会陆续有新的液晶拼接面板上市，大屏幕拼接产品线将更加丰富，未来市场将在朝多元化方向发展的同时改善产品同质化现象。

2. LED光源技术引领潮流，高分已成主流配置

LED光源的应用已经成为大屏拼接的技术潮流。从产品的型号、

数量来看，2011 年威创、三菱、巴可等大屏幕拼接厂商纷纷推出 LED 光源的拼接屏产品。同时液晶拼接面板也纷纷开始采用 LED 背光，2011 年新上市的液晶拼接单元几乎都是 LED 背光产品。

从全年的销售情况看，外资品牌 LED 光源的 DLP 拼接已经达到了 50%，国产品牌的 LED 光源 DLP 拼接也已经接近 30%。LED 背光的液晶拼接产品由于刚刚上市，销量份额仅占 3%。但 LED 光源具有寿命长、宽色域等性能优势，在厂商的积极推广下，2012 年将会获得更大市场份额。

在分辨率方面，目前主流的液晶拼接产品物理分辨率达到 1366×768，基本实现了高清。今年三星推出的拼接新品 UD55A，达到了 FHD 高清信号的点对点显示。多厂家的拼接屏产品已经配置了 HDMI 或 HD-SDI 高清接口，以支持全高清信号的输入。

DLP 拼接随着 DMD 芯片技术的升级，开始出现了 1920×1080、1920×1200 的高分产品。目前 1400×1050 分辨率的 DLP 单元销量已经占到了 DLP 整体销量的 60%，高分产品已经占市场主导。而 60 英寸 PDP 拼接新品的推出，也使 PDP 拼接告别了低分时代，大屏幕拼接各类产品皆实现了高清配置。

3. 多系统集成应用，行业应用差异化趋势更加明显

目前安防视频监控市场覆盖了煤炭、交通、电力、公安、教育、金融等多行业和领域，不同行业的项目需求往往千差万别。交通、电力、煤炭、通信等大型指挥调度项目中，视频监控系统往往是与 IT 系统、GIS 系统、GPRS 系统、生产管理系统、运营管理系统、调度系统及指挥系统等多系统进行集成的，拼接屏需要同时显示视频监控信号以及 SCADA、GIS、GPS 等图像信息，通常对画面一致性、整屏的分辨率要求很高，所以拼缝较小的 DLP 拼接屏产品仍然占主导。金融、医疗、教育等领域，大屏幕拼接屏主要用来显示多路监控信号，对单路信号的清晰度、画质要求更高，液晶拼接以高画质、低成本、易维护的优势已成为这些领域目前主要应用的产品。而相对较低端的社区安防等领域，通常监控规模较小，且系统相对简单，对拼缝通常要求不高，主要采用的是液晶拼接产品。

安防大屏拼接市场的迅速增长，动力一方面是来自安防自身需求的逐步提升，另一方面则来自大屏幕拼接行业的自身发展。奥维咨询（AVC）认为，安防大屏拼接市场的发展主要有以下 3 个方面的原因。

1. 规划引领安防大行业发展，基础设施建设拉动大型视频监控项目需求

安防产业“十二五”规划提出，到“十二五”末该产业规模将翻一番，总产值达 5000 亿元。未来 5 年复合增长率将保持在 20%以上，安防监控系统将随安防市场同步增长。

未来几年我国“平安城市”建设以及交通、电力各类基础设施建设处在全面规划与建设过程中，将拉动安防监控市场逐年稳定增长。

2. 金融、教育、煤矿等各类用户安防意识增强，带动安防监控消费

随着安防意识的提升，治安、管理需要的增加，金融、教育、煤矿、公安等行业对视频监控的需求将进一步释放，而安防建设上陆续出台的各项规范化和强制性政策，也极大地促进了对安防监控系统的需求。

3. 大屏幕拼接显示技术的发展促进了其在安防监控中的应用

拼缝技术的突破使液晶拼接一跃成为市场增长最快的产品，其低成本、易维护的特点使一些潜在的监控市场需求得以释放。而 LED 光源技术、无限拼接技术等则使 DLP 拼接、PDP 拼接性能也不断提升，同时智能控制和网络技术与大屏拼接技术的结合，使大屏拼接系统逐步趋于智能化，易于网络传输与控制，更能满足安防行业用户的多样化需求，促进了大屏拼接产品在安防行业的应用。

由于受以上各方面因素的驱动，我国安防大屏拼接市场未来仍将保持持续增长的态势。奥维咨询（AVC）预测，未来 5 年安防行业大屏拼接市场的销售额年增长率将达到 7.4%，到 2015 年市场的整体销售规模将实现 61 亿元，参见图 15-1。

综合以上分析，奥维咨询（AVC）认为，从中国大屏幕拼接整体市场的发展来看，未来 5 年内仍处于高速成长阶段，未来一年大屏幕拼接市场发展将会呈现如下趋势。

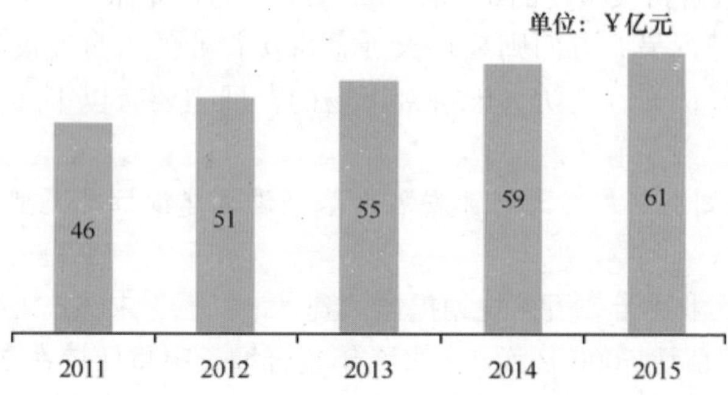

图 15-1　2011 至 2015 年安防大屏幕拼接市场规模预测

（数据来源：奥维咨询大屏幕拼接市场研究报告）

1. 产品格局向大尺寸段延伸，各尺寸段不同型号产品之间竞争激烈

从 2011 年推出的新品尺寸来看，大屏幕拼接产品正在向大尺寸段延伸，DLP 拼接向 70～80 英寸段延伸，而平板拼接向着 50～60 英寸段延伸。40～50 英寸尺寸段的拼接产品主要是 46 英寸和 47 英寸 LCD 拼接与 42 英寸 PDP 拼接，以 46 英寸 LCD 拼接为主，其 450cd/m^2 低亮度产品占主要份额，而 700cd/m^2 的高亮产品也将拥有一定成长空间。

50～60 英寸尺寸段产品种类最丰富，竞争也最激烈，55 英寸和 60 英寸 LCD、60 英寸 PDP 以及 60 英寸 DLP 之间形成三大种类产品的对垒。该尺寸段下的平板拼接产品皆上市不久，应用还比较少。不过随着品牌商的推广、产品价格的下降，未来一年将会有一定的增长。

70～80 英寸尺寸段则全部是 DLP 拼接产品，体现了 DLP 拼接进行大规模拼接的优势，其在未来大型拼接显示项目中仍将是主要应用。

2. 新一轮竞争将刷新品牌格局，品牌集中度将有所提高

从大屏幕拼接的市场集中度来看，2011 年销售额排名前 10 位的大屏拼接企业，销售总额约占整体市场的 55%，DLP 拼接和 LCD 拼接市场前 5 家企业的市场份额均接近 40%。未来一年，大屏拼接行业仍将是以面板整机企业、外资品牌与代理商、国内大屏厂商与代理商、

中小大屏组装厂家等企业形成的品牌格局，但各品牌之间的排名和份额将会发生变化和调整，具体将取决于各品牌阵营之间的竞争实力的对比。总体来看，具有品牌影响力和渠道资源的企业将更具有竞争优势，获得更稳定的发展。奥维咨询（AVC）认为，伴随行业的成熟发展，未来一年行业市场的集中度将会进一步提高。

3. 大屏拼接厂商与集成商融合发展，共同推动行业市场

安防监控市场的无限商机吸引了众多大屏幕拼接厂商的纷纷进入。同时，安防行业的系统集成商也应市场需求推出了相应的大屏拼接产品。在刚结束不久的深圳安防展上，海康威视、大华股份等业内的知名厂商均展出了以大屏拼接产品为显示终端的监控解决方案。大屏幕拼接系统在不同行业应用的集成化、定制化趋势促使大屏拼接厂商和行业系统集成商合作更加密切，未来一年将有更多为不同行业定制的大屏拼接系统解决方案推出，共同推动大屏拼接在细分行业市场的不断发展。

放眼新的一年，伴随安防行业发展，大屏幕拼接行业已经迎来了一个新的机遇。作为专业的视频监控终端，未来的大屏幕拼接屏必将在安防行业大放异彩！

注：奥维咨询（AVC）将大屏幕拼接显示屏在工业及商业市场的应用定义为大屏幕拼接显示市场，简称大屏拼接市场。大屏幕拼接产品涵盖了DLP背投拼接和平板拼接，其中平板拼接又包括液晶（LCD）拼接和等离子（PDP）拼接。大屏拼接市场的市场规模数据涵盖了中国大陆所有大屏幕拼接显示单元的销售量和销售额，包括原装机和组装机产品。

作者：北京奥维营销咨询有限责任公司　王明珠

第三篇

“智能”专题

16　TCL 智能电视发展策略

一、智能电视产业情况介绍

电视的发展有一个清晰的路线图——从传统电视发展到高清电视，到互联网电视，再到今天的智能电视；在另外一条线上，电视也由 CRT、平板电视，发展到了 LCD 电视，将来可能是 OLED 电视。

如今的电视在硬件方面，对 CPU 处理能力、图形加速 2D/3D、音视频编译解码能力、内存、集成度、工艺、整体性能均有较高要求；软件方面，操作系统、应用种类、应用复杂度、浏览器能力、UI 表现力、多媒体格式等都成为考量的要素。

到底什么样的电视是智能电视呢？我们认为有这样几条核心要素，可以达成行业共识。

1．应用程序商店。可以通过应用程序商店实现电视功能的可扩展性。

2．自然的人机交互方式，如语音、触摸、手势等。

3．带给用户良好体验的用户界面。

4．功能强大的芯片。

智能电视将引发新的开发模式，过去是串行，现在是并行。应用程序商店是智能电视的核心关键要素。

对于操作系统的选择，基于 Android+，可以完全承载智能电视特征；而基于 Linux，标准化工作量偏大，且完全做到标准化有难度；而 Windows 的优势是针对 PC 已经有海量成熟应用和大量的自由开发者，参见表 16-1。

表 16-1　3 种操作系统特点对比

Android	Linux	Windows
系统免费	系统免费	收取授权费用
系统完整	没有规范的系统	系统完整

续表

Android	Linux	Windows
开源	仅 Kernel 开源	系统封闭，SDK 开放
Google 牵头，OHA 维护	开发者自发性维护	Microsoft 更新
有针对电视的 SOC 方案	有针对电视的 SOC 方案	目前还没有
嵌入式/PC/Phone/Pad	嵌入式/PC	PC/Phone/Pad
针对移动设备已有大量应用	—	针对 PC 已有海量成熟应用
大量的自由开发者	—	大量的自由开发者

二、智能电视是 TCL 的重要战略之一

TCL 基于 Windows 操作系统的智能互联网电视和基于 Android+操作系统的智能互联网电视已经于 2011 年 5 月在多个城市上市销售。3D 界面设计，创新的电视多媒体呈现界面，结合触摸遥控器的新颖交互操作，引入了基于云端的语音识别和语音合成技术。

智能电视不再是一个简单的家电设备，它已经超越传统意义上的电视终端，将成为家庭的家庭智能娱乐中心和智能控制中心。

智能电视的发展和成长是一个生态系统，在这个系统中增加了应用软件开发者这一参与者。大批的应用软件开发者可以在 TCL 开启的应用程序商店里呈现自己开发的应用软件，同时通过应用获得收益。消费者则能够在选择这个应用的基础上，得到极大的娱乐和享受。通过应用程序商店这一平台，终端电视用户、应用程序开发者、开发群体、开发商将实现良性互动，各取所需。

2010 年，由中国电子视像行业协会牵头，TCL 与我国其他彩电骨干企业共同制定了智能电视的相关标准。与此同时，TCL 也将联合国内的相关厂商，共同讨论建立适合中国市场的智能电视应用程序商店标准。

智能电视产业的发展需要一个完整的生态系统，希望产业链各个环节能够紧密地团结起来，共同建立一个互利共赢的环境，使得智能电视产业更好、更快地发展！

来源：整理自“TCL 智能电视发展策略”演示文稿

17　长虹：智能化带给中国彩电企业的发展机遇

到底什么是智能电视？四川长虹多媒体产业公司总经理徐明认为，“就长虹而言，智能电视必须有操作系统、开放的操作平台，可以连接网络，用户可以自由下载和安装应用而拓展电视功能，同时强化智能终端的融合和协同，为用户提供最优的使用体验。多屏互动是长虹基于智能电视，为用户量身定做的多个终端整合和协作方案，是长虹与各家智能电视的最大区别。”

“一个新产业时代的来临都不是突然间发生的事情，而是经过逐步变化的过程，智能电视也是一样。对于电视智能化的来临，长虹早有准备。”徐明介绍说，“长虹制定了智能化的发展战略，将智能产品的发展提升到集团战略层面来进行关注，在资源和组织上进行布局，并且提早进行智能电视技术的开发和储备，凸显优势。此外，长虹还就销售和服务提升进行相关培训，以适应智能电视产品的销售和维修。”

随着智能电视时代的来临，中国彩电业也将进入一场资源和市场的重新洗牌，智能化能给中国企业带来什么机会？我们将与全球的彩电行业处于同步发展的轨迹当中。纵观彩电业的历史，20 世纪八九十年代，日本控制这个市场。21 世纪，平板时代，韩资企业走在前端。智能化以后，是给了中国企业一个发展机遇。相信现在不论是欧美企业、日韩企业，还是中国企业，大家站在同一起跑线上，我们的起点是一样的。有技术的支撑，对中国企业来讲这是一个机会，来参与全球的产品定义和全球的市场竞争。

因为进入智能化以后，产品在定义上发生了变化，中美日韩站在同一起跑线，中国本土企业有机会在同一市场环境下竞争。同时，智能化是发展新型商业模式的机会，过去我们消费的是终端产品，提供给消费者的是一个产品。在智能化时代会有很多变化，新的竞争形态、新的商业模式创新都是未来的发展机遇，同时终端的资源也可以有效地整合，为企业带来整体效益的最大化。更重要的是把过去单一交易模式变成多次连续的交易模式。同时智能化也是对一个产业链价值的提升。我们看到，从整机、关键零部件内容到整个产业链整合，智能化时代给我们提供很多机会，有这样的机会，对消费者同时也提供更多的价值。

在看好智能电视未来市场发展潜力的同时，徐明也坦承目前国内外企业对于智能电视的探究还处于初级阶段，智能电视的发展面临着定义和标准不统一、生态链和技术以及商业模式不成熟、消费者认知度不高、法律法规不健全、管理落后等诸多因素，也成为中国彩电企业推广智能电视的发展瓶颈。徐明认为：“目前产业的障碍在于国家对智能电视行业没有明确界定和规范，导致终端消费者对智能电视价值的理解千差万别；其次是，相关配套的产业和环境没有跟上发展，导致智能电视的应用价值没有真正地被用户体验。主要原因还是在于标准的缺失、行业规范的缺失、内容配套环境没有形成气候，从而对智能电视产业带来影响。正是上述原因导致智能电视的推广不利，阻碍了智能电视的快速普及。但是智能化始终是电视行业发展的方向，这一点得到业内的认可，标准、规范和内容只是时间的问题。”

徐明指出，当前政府主管部门应组织行业加快推进相关标准建立，行业主管部门要支持扶持新型商业模式、服务形态和跨界应用，保护知识产权，推动内容和服务业快速发展。此外，中国彩电企业还应加强行业间合作和协同能力，实现资源共享与互享，推动智能产业健康发展。

相比之下，同样在国内厂商与外资企业的竞争中，本土企业却相对拥有一定的优势。徐明认为，本土企业对消费者的理解更深刻；加之本土企业在内容与服务上更有优势，商业模式思考更为清楚；此外，国内企业拥有强大的渠道下沉能力和健全的销售网络，这些规模的因素均导致外资售后服务的质量和响应速度都难以跟国产企业相抗衡。

而对于国产品牌价值存在被消费者低估的现象，徐明认为还需要一个逐步认识的过程。“目前确实存在部分消费者，同等产品的情况下，会认为国产品牌的价格应该比国际品牌低。国际品牌如今也拿起了价格的武器，降价幅度比国内品牌还大，在竞争过程中，其高价格的定位已经在逐步改变。其次，国内品牌也在加强品牌的推广和与消费者的沟通，随着新一代产品的上市和优势体现，消费者会逐步改变对国内品牌的看法。同时，徐明还建议国内品牌应在品质和服务上下功夫，持续不断提升产品本身以及相关服务的竞争力。

来源：整理自中国电子信息产业经济运行暨彩电行业研究发布会

18 创维：突破瓶颈，推动智能电视产业迅猛发展

在我们预测未来智能电视迅猛发展的同时，也应该更加关注智能电视在高速发展中所碰到的困难，或者叫做瓶颈。不克服这些困难，我们的智能电视发展会遇到阻碍。

在2011年中国电子信息产业经济运行暨彩电行业研究发布会上，创维集团彩电事业本部总裁刘堂枝表示：“从创维20几年来在彩电行业的经验来看，智能电视确实已经成为最为热门的话题。包括厂家、消费者、政府主管部门、新闻媒体以及社会各界都在关注智能电视的发展。那么电视能够上网之后，它的实用性不但产生了巨大的变化，更重要的是它改变了我们广大消费者使用电视的习惯。像苹果的iPhone改变了我们消费者使用手机的习惯，电视能够上网同样会改变消费者使用电视的习惯，对人们的生活会产生巨大的影响。但是在中国，以我们多年行业发展的经验来看，智能电视发展还面临着一定的瓶颈。”

刘堂枝认为，瓶颈之一是智能电视的定义和标准不统一。创维曾经对智能电视作过一个定义——智能电视是互联网电视的升级，是指联通互联网、搭载操作系统、内置开放式平台、支持多媒体应用，并且能够安装和卸载第三方的应用程序，从而扩充或者增加应用功能的这样的电视的总称。它的功能主要有：能上网并支持全网浏览；支持信息、音视频等多媒体内容点播、下载、存储；用户可自行安装和卸载软件、游戏等第三方服务商提供的程序，并通过这些关键丰富电视机的功能；具有开放的后台或第三方“内容商店”；人机交互更方便，可实现智能操控等。但是，目前在行业里面，这个定义并没有得到完全的认同。当然，智能电视的定义，需要结合现有的环境去判断。

对于智能电视的标准，刘堂枝认为还应该包括开放平台、操作系统、通信设备的规范要求，连接互联网的接口，以及联通互联网的方

式，应用商店的规范，以及支付体系，内容的推送规范等，这些重大的问题都没有统一标准，会影响到智能电视的快速发展。

刘堂枝表示："智能电视在内容管理方面也比较滞后，无论是体制还是监管的组织体系，无论是政策法规体系还是技术手段等。当前我国对互联网内容进入电视机终端管理还是一种多头管理的状态，涉及工信部、国家广电总局、新闻出版总署、工商总局、文化部等部门，欠缺统一指挥，分工不明确，责任也不明确，效率也不高。对于内容管理，我们认为，重点在于管理好内容的制作商和运营商。因为无论是手机、电脑还是电视，它都只是一个终端产品，一个显示产品。管控内容，单靠抓终端的制造商是解决不了问题的，重要的是要跟踪、管理、规范上游的内容制作商和内容运营商。所以智能电视的发展就更依赖于我们重新理顺内容监管的组织管理体系，重新制定相应的、具有可操作性的法律规章制度，而且要有管理的技术手段。"

刘堂枝坦言："智能电视的生态链和技术都有待成熟。"

首先说生态链。互联网只有一个，但按照终端个性的不同，又可以简单的将其分为 3 类。一类叫做桌面的互联网，或者叫做书桌的互联网。这样的一个桌面的互联网，是主要解决消费者工作问题的工具，它的终端形式包括上网本、笔记本电脑和台式电脑。目前整个互联网电脑的生态链已经建构完成，而且应该说比较完善，涉及办公用的软件，比如说 Office、文档管理、各种文字的输入法、鼠标的科学应用，以及内容的搜索等，各有各的不同定位，而且定位非常清楚，非常专业化。所以我们觉得桌面互联网生态链体系是非常完善、非常完整的。第二个是移动的互联网。移动的互联网主要是用来打发我们所谓消费者的零碎时间，或者是碎片时间。它的终端形式是手机和我们这两三年风风火火的平板电脑。它的生态链也正在迅速地形成和完善。那么消费者在零散时间里，越来越多地在使用包括摄像头、GPS 定位、触摸屏或者触摸技术，利用它的移动性、通信质量和通讯录的管理，综合感应来提升我们消费者的生活品质。应该说移动互联网正在呈现爆炸性的发展，包括平板电脑，包括手机的视频应用等这些方面发展得如火如荼。第三，客厅的互联网。客厅互联网主要用于家庭休闲娱乐，客厅互联网终端目前是不成熟、不完善的。比如说人机互动，我们现在利用比较落后的遥控器，当然有触摸技术的诞生，但是触摸技术根本没有运用到我们的电视机上面来，尤其是没有运用到我们的家庭客厅中去。我们觉得智能电视里面的生态链是不成熟的，将会阻碍我们智能电视的快速发展。”

其次智能电视的技术方面，目前智能电视的操作系统五花八门，有 Android、有 Windows、有 Linux，甚至我们有些厂商使用的是自己开发的操作系统，很多的操作系统的开发原本是针对手机、平板电脑这样小的屏幕。那么由小屏幕扩展到电视这样的大屏幕终端，技术上还有很多的困难要克服。比如我们的 Linux 以及 Android，大部分使用的是 ARM 框架，事实上 ARM 框架也是用在手机小屏幕上面的。所以目前在电视上的利用是有一定的瓶颈问题的。智能电视也要求我们芯片数据能力非常高，以目前电视芯片的处理能力，应该说还有很大的差距。

刘堂枝认为，相对于 PC 和手机，智能电视的商业模式也有待成熟。硬件厂商应该做什么？内容制造商应该做什么？内容运营商应该做什么？这“三位一体”如何做到战略合作、互惠互利，现在都没有很好的模式。包括我们电视机硬件前台，包括我们内容提供服务的后台，怎样去配合形成盈利的模式？应该说这些都是不明确的，各大厂家都在探索中、实验中。

刘堂枝说：“我们有理由相信，如果我们把电视的终端定义为客厅互联网终端的话，那么它也会像桌面互联网一样，有爆炸式的一个发展机会。在中国，在我们民族品牌当中，只要我们解决好这 5 个方面的问题，形成突破，我相信一个巨大的领导型的企业一定会出现，我期待着我们行业这一天的到来。”

来源：整理自中国电子信息产业经济运行暨彩电行业研究发布会

19 康佳：彩电智能云时代，不同世界同步精彩

2011 年，中国电视行业的发展取得了重大突破，LED、3D、智能、云技术革新加速，成为新的增长点，引领行业和消费主流趋势；同时产业链垂直整合进入新阶段，高世代面板线、玻璃基板项目及云计算产业相继启动，提高了产业自主权。累累硕果的背后，是国产彩电企业的不懈付出。

面对 2012 年，康佳认为，中国经济转型需要更伟大的创新。进入智能云电视时代，产业竞争环境发生了很大的变化，中国彩电企业竞争目标不再止于和日本、韩国同行，还将同时面对国际 IT 巨头，比如苹果、谷歌、微软、联想等。这意味着电视产业格局变得更加不确定。彩电产业的发展不仅涉及传统硬件产业的运营与管理，还将涉及软件、应用与内容产业的运营与管理，传统单一产业将向未来多产业方向融合发展。智能云电视对企业的考验是全面性、综合性的，无论硬件也好、软件也好，稍微判断失误，就会被市场甩在后边。这一是要求企业对趋势的把握要十分准确，企业的运作能力必须经得起考验；二是经营企业要有思想并拥有把思想转变成产品的能力，企业自身能力要不断提升；三是企业要强化资源整合能力，需要及时构建自己的产业生态链，在满足消费者需求的同时，构建自己的核心竞争力。

尽管 2012 年充满诸多不确定性，但是中国的彩电企业和彩电人将表现出超强的忍耐力、创造力和爆发力，为中国经济发展继续增添活力。康佳集团汇聚 30 多年的发展和沉淀，不断推出新产品、新技术，为消费市场带来更多创新应用和睿智生活形态，引领智慧生活时代潮流，荣担推动国产彩电业转型升级的时代使命，继往开来，在 2012 年的开拓之路上创新再出发。

“不同世界，同步精彩”有三重含义。第一是实现了产品硬件与软件技术同步；软硬结合，追求极致用户体验的同步云电视，驱动电

视消费不断升级，是对消费市场需求的极致满足。二是建设技术平台、应用软件、内容提供三方面合作的开放产业生态圈，实现跨界无缝分享同步，引领泛 IT 时代电视产业革命。三是持续打造具有相对竞争优势的县乡客户体系，实现利益同步分享，进一步密切厂商共赢合作关系。可以说，同步是康佳智能云电视的升级换代，是差异化定位和区隔，更是一种领先的姿态，是一副开放的胸襟，是一个共赢的利益分享机制。简而言之，概括起来就是“产品同步云体验、上游同步生态圈、下游同步利益链”。不同世界，同步精彩，从此刻开始，世界因同步而不同，因不同而更加精彩。

康佳多媒体事业本部总经理林洪藩强调，智能云电视的快速发展，背后其实是数字技术、网络技术、显示技术的融合创新趋势，是设备生产商、内容提供商、信息传输商、接收终端制造商等角色的共同配合支撑。康佳也一直以开放、共融的心态和合作、共赢的理念带动整个电视产业在新的商业模式塑造方面取得新的突破，实现技术、资源、信息共享。当前，彩电行业已经泛 IT 化。在 IT 界有著名的摩尔定律，即单位价值在每 18 个月中会因成本下降而翻一倍，每 10 年翻 100 倍，每 20 年翻 1 万倍。摩尔定律的核心要义即信息技术进步的神速。而 IT 界的麦卡姆定律是指一个网络的价值是它所连接的数字的平方，它的核心要义是指价值会随着参与者人数的增加而呈几何级数增值。如果你是封闭的，那你的价值就是有限的；只要你是开放的，你的价值就是无限的。IT 革命的两大价值都在提醒康佳，只有整合、联合、合作，才能占据未来发展的主导权，而强大的合作伙伴生态圈正是康佳在智能云时代保持竞争力的重要基石。2011 年 11 月，康佳联合中国银联、东方传媒实现跨界合作，全球首发银联电视，实现电视支付功能，突破支付瓶颈，开启了一个全新的时代。

渠道层面康佳将着力实现 3 个层面的同步。第一是供应链同步，IT 化的彩电必须有 IT 级别的供应链速度，缩短新技术、新材料转化成产品的时间，缩短成品到消费者手中的时间，打造产品竞争力。第二是营销同步，在广告投放、终端形象、大型公关活动等方面同步投入，并通过提升培训力、完善数据库系统、建设完美终端等全面提升康佳品牌形象和品牌地位，提升品牌力。第三是利益同步，坚持双赢的合作，创新商业模式和利益分享，共谋发展，拓展版图。为消费者创造价值，让经销商享受到利益，是康佳永恒不变的承诺，也是康佳发展的前提和依归。

2012 年，对康佳而言是充满机遇的一年。康佳也将继续坚持“价值经营”的经营方针，以企业利润和品牌增值为导向，以差异化竞争为基础，在转型升级过程中为广大消费者提供最丰富、最权威、最实惠的电视产品。

来源：康佳集团股份有限公司

20 海信的智能电视战略

一、为什么要智能化

海信已经全面启动智能化战略，所有相关产业都将以智能化为战略目标，并将这一目标化为企业发展的动力和压力。为什么要启动智能战略？让我们看看电视产业面临的一些窘境。

首先，21 世纪什么最贵？时间。对于媒体来讲，能占用什么样的人多少的时间份额就代表了这个媒体有多少价值，而看电视的人已经越来越少，大家使用电脑、手机的时间则更多。

其次，看电视的人越来越老。按年龄结构分，目前电视机的主流人群是 45 岁以上，老龄倾向严重。在未来的 10 年，中国社会的主流消费群体将是 70 后、80 后、90 后，这个人群在中国大约有 4 亿人，而这个人群看电视的时间严重下降。

第三，从知识结构分，目前高学历电视受众也越来越少。

第四，看电视的人越来越挑剔。电视用户的烦恼是，频道是多，可节目重复；广告又多又长；想看的时候忙，不忙的时候又没有自己想看的节目。

用户是上帝，上帝到底需要什么呢？海信认为，第一个是无所不在的计算，第二是社会化网络，第三是个性化的终端。因此，个性化、社会化、网络化相当于我们今天说的智能。

智能是信息化、网络化发展的产物。传统产品强调产品本身的性能，各个功能之间是孤立的，而智能产品是以用户为中心，不再是信息孤岛，而是信息枢纽。如今用户的需求改变了，所以我们的产品必须走向智能化。

二、海信智能产品和智能技术

海信产品的外观有几大特点：一、轻薄；二、金属机身；三、无边框的设计；四、集成底座。

功能的具体特点有；一、色彩鲜明活泼；二、全方位的 3D 效果，包括画面、音效等；三、极致高清，应用迅驰技术，画面效果很好。

海信的智能产品的核心技术包括四大块，海信云、海信商城、操作系统和互联互通性。这四部分构成了海信整体智能技术，打造出了一个完整的智能生态链。

1．海信云。海信的产品不仅仅是电视，还有手机、平板电脑、盒子等。以用户为核心，通过海信云，可以实现多媒体信息的交互。

2．海信商店。海信商店在 2009 年推出，选择针对大屏幕、高清晰度适合电视的应用。

3．智能操作系统。海信一直在力推自己的操作系统，这个系统可以兼容安卓等多个应用运行环境，并实现智能电视升级。

4．互联互通。海信的智能产品已经实现了设备间的互联互通。

智能化不是一家的事情。因此，海信、TCL、长虹联合成立了中国智能多媒体终端技术联盟，想把技术标准和规范统一起来，在给消费者带来质量保证的同时，促进产业发展。

我们的政府正在大力倡导科教兴国的战略，引导中国企业大胆革新，从中国制造向中国创造跃升。未来 15 年到 20 年，将有大批中国一流企业竞相从中国名牌跃升为世界名牌，各个产业领域，都将出现来自中国的行业佼佼者，我们期待海信能够在世界的舞台上脱颖而出，跃升为世界一流品牌，创造一个智能的时代。

来源：整理自中国电子信息产业经济运行暨彩电行业研究发布会

21 海尔：智慧社区解决方案

从全球产业发展历程看，价格与技术一直是彩电企业争夺市场的法宝，在较长的产业历程中，在这两方面占有优势的企业长期主导着全球产业的发展。然而，随着当前产业加快步入智能电视时代，只有将准确的消费需求与企业自身技术能力结合起来，才能生产出真正符合用户需求的产品。

在中国数字家庭产业联盟主办的“智慧家庭物联网技术与应用解决方案研讨会”上，海尔地产集团研发总监高云生说：“在物联网、云技术时代，海尔在摸索一种新的运营模式——云社区服务平台。云社区从用户的需求出发，将更多的服务附加于产品，提高产品品质的同时带给人们舒适便捷的生活。进入互联网时代，信息不对称的主动方变成了用户，用户在互联网上可以了解到所有的产品信息，从而决定需要的产品，企业却变成了被动方。因此，互联网时代的营销规律发生了变化，人们不是到商场购物，而是通过虚拟网络先获取产品信息，再到商场中去体验，或者通过网购、团购的形式获取低价格的产品和标准化的服务。”

高云生认为互联网时代，现代人有不可忽视的“六大需求”——体验消费、情感互动、个人隐私、云端存储、信息渠道和个人习惯。互联网时代的服务模式，就要适应这个时代的要求。企业竞争的成败，很大程度上是由这个企业采取了什么样的商业模式来决定的，而商业模式的成败是由客户价值主张来决定的。基于此，海尔地产创新并研发了“云社区”，其目的是要将海尔的产品附加更多的技术和服务内容，以满足差异化的客户需求，提高海尔产品的性价比，使海尔的产品成为客户首选。云社区的打造成功地实现了房地产行业由“建造”向“服务”的转型，开启了一种新的商业模式。

中国数字家庭产业联盟陈晓东秘书长表示：“以智能平板显示为特色，实现社区便民服务、社会公共信息服务、各大运营商服务的融合，即实现家庭‘小网’、社区‘中网’、社会‘大网’这 3 层基于云服务的‘三网融合’，不仅仅实现智慧家庭，还能够支持智慧社区、智慧城市的建设和发展。”

智慧家庭产业有着美好的发展前景，希望我们的企业能够从用户需求出发，探索促进智慧家庭产业快速有效发展的新模式，促进智慧家庭产业更好更快发展！

来源：整理自智慧家庭物联网技术与应用解决方案研讨会

第四篇

技　术

22　克服产能技术问题，2013 年或为 OLED 元年

市场关注 OLED 发展状况，OLED 发展已经长达 10 年以上。最早在 2004 年开始使用 PMOLED 之后，AMOLED 陆续推出，成本与价格偏高，市场难以接受，导致发展受阻。但目前投资 OLED 的生产线逐渐增加，韩国厂商着重新技术的开发，我国大陆厂商投资新厂建立，我国台湾与日本则处于观望但不落后的角色。奥维咨询（AVC）认为量产技术仍是重要的关键，若问题可以克服，将带动 OLED 面板成本降低，带动 OLED 出货量增加，2013 年或将有机会成为 OLED 元年。

一、OLED 发展历程

OLED 为下世代显示器是大家一致的结论，OLED 的应用产品在市场上销售从 2000 年缓步开始，于是厂商纷纷投入，直到 2004 年，PMOLED 开始大规模量产，产品主要渗透在 MP3 产品，并且手机产品也开始使用，整体市场一片看好，期待着 OLED 与 LCD 发展具有一样的轨迹。

LCD 发展也是从小尺寸屏幕开始，从 2 代线到 3 代线，逐步发展到 4 代线后出现瓶颈，此时已经是 2000 年左右。但是制程技术有明显的突破，厂商在不到两年时间量产 5 代线，此时产线几乎开始每两年就一个世代地跳跃，产品从 Monitor 开始扩大，延伸至 NB。初期产品因为寿命问题只能使用在 IT 相关产品上，在扩增至 7 代线之后，产品逐步渗透至 TV，逐步走入家电市场。面板从小尺寸量产到大尺寸量产只用了短短不到两年的时间，而产品全面扩展，也仅用了不到 10 年的时间，各产品的销售几乎都达到 2 亿台。

OLED 在 2004 年开始应用于小尺寸产品，市场非常乐观，业内人士普遍认为 OLED 时代即将来临，此时也有一些代表性的产品陆续推出。直到在 2006 年友达正式量产 AMOLED，成功将其导入手机

产品之中，但隔了半年之后，友达不堪 AMOLED 的亏损压力，宣布停产，市场开始浮浮沉沉。在 2007 年，当时奇美 AMOLED 子公司奇晶，成功导入更大尺寸的产品应用——数字相框，SMD 也导入手机上使用，似乎又起死回生，但并没有快速发展。

到 2007 年年底，索尼正式销售 OLED TV，再次宣告 OLED 时代的来临，但 2008 年遇到金融风暴，厂商对 AMOLED 的开发减缓，但技术上持续研究突破。2009 年，SMD 再次将 AMOLED 放入手机产品，市场仍不具有吸引力。

在 2010 年年底，SMD 将 AMOLED 导入智能手机上，并且在三星与 HTC 上相继使用，再次引起市场关注。2011 年，三星持续在智能手机上使用 AMOLED 的面板。OLED 时代似乎逐渐到来，厂商再次投入生产。

二、厂商持续投入 OLED，对未来仍一片看好

目前，除 SMD 外，其他厂商几乎没有量产 AMOLED，现在最大量产产线为 G5.5 代线，于 2011 年第二季度开始量产。至于友达、LGD 在 2011 年年初宣告 AMOLED 会在 2011 年年中量产，目前都延迟至 2012 年才会正式量产。

由于对 AMOLED 的前景看好，厂商投资持续增加，从全球投入状况就可得知一二。韩国作为领先厂商，投资最大，在 SMD 方面，除了既有代线产能持续扩充之外，其次就是对 8.5 代线的投资。当然 LGD 也不落 SMD 之后，同时投资 8.5 代线。

其次就是中国厂商的投资，面板厂京东方、天马微电子都有相关的投资计划，京东方设立了 5.5 代线，天马微电子则是在厦门投资 5.5 代的 LTPS 线，但有可能转换成 AMOLED 产线。还有就是彩虹、维信诺、虹视等都在进行规划。可以预见，中国大陆将成为 OLED 投资最火热的地方。

至于中国台湾厂商就显得比较缓慢，中国台湾厂商目前只有友达、奇美具有实力投资，至于 PMOLED 厂商铼宝，需要通过外援，才有机会生产。友达规划在既有产线进行整改，如龟山的 3.5 代线、

新加坡的4.5代线等。由于奇美目前具有3.5代OLED线，会逐步进行产能扩增，对于新产线的投入或已进行规划，但并没有明确计划。

日本厂商在五六年前就已经宣布放弃AMOLED的显示器开发，但不会放弃对OLED照明的研究。由于厂商都宣布放弃，所以日本厂商在AMOLED的投入较少。

整体而言，韩国厂商投资在新技术的开发，中国大陆厂商投资新厂建立，中国台湾与日本则处于观望但不落后的角色。

三、实验室产品没有问题，主要问题在量产化技术问题

OLED发展迟缓的问题出在哪里？可以分为市场面、产业面、技术面3个部分来说明。在市场面，主要跟LCD竞争，所以考虑的就是价格问题，因为OLED是取代产品，除非有较有利的价格优势，否则不会轻易转换面板；在产业面，由于是新产业，相关的产业链建设仍未完善，如驱动IC、OLED材料等，相关配套尚未完全，使得价格难以降低；在技术面，OLED的制作良率只有70%，同样也使得成本难以降低，还有材料使用率低、寿命等问题。

所以OLED必须克服成本问题，才能在市场上获得一席之地，必须从技术、材料、产业链上去努力，才能达到OLED成本降低的目标。

目前有几个技术在开发，第一个是制成技术改良，从原本的点蒸镀改变为线蒸镀，来增加材料的使用率，使材料使用率有所提升，以降低成本，或者采用印刷方式，厂商们都在研发中。还有材料寿命的提升，这是OLED是否能用于TV产品的关键。还有就是简化流程，使良率提升，也是厂商关注点之一。

产业链上，目前以一家SMD很难达到市场的规模经济，唯有更多家厂商量产，才有机会使上游材料价格降低。不然就要通过厂商共同合作开发，才能使上游厂商愿意投入OLED产业，从而达到规模经济，以降低成本。

虽然OLED仍有众多问题需要解决，但是目前资金投入很大，势必加速OLED产业的发展，在产能、价格等因素都具备时，就是OLED起步发展之时，预期2013年将会是OLED发展元年。

全球 AMOLED 厂商生产概况见表 22-1。

表 22-1 全球 AMOLED 厂商生产概况

厂商	世代	地点	最大月产能	量产时间	备注
SMD	G4.5	天安	90000	2007.Q3	
	G5.5	牙山汤井	90000	2011.Q2	分 3 个阶段，每个阶段 30000，预计 2012 年年底达到满产
	G8.5		未定	2013	规划中
LGD	G4	坡州	30000	2011.Q1	
	G8.5		未定	2013	规划中
友达	G3.5	龟山	7000	2013	2011.Q3 装机
	G4.5	新加坡	45000	未定	原 TMD 厂，等 3.5 代线量产顺利后，进行修改
奇美	G3.5	竹南	70000	2011.Q4	目前少量生产
京东方	G5.5	内蒙古鄂尔多斯	54000	2013.Q4	投资 220 亿元人民币
天马微电子	G4.5	上海	1000	2012.Q2	小规模试生产
	G5.5	厦门	32000	2013.Q1	虽是 LTPS 产线，有机会转换成 OLED 生产线
维信诺	G4.5	昆山	未定	2013	
彩虹	G4.5	广东顺德	60000	2012.Q1	分为两个阶段，每阶段 30000
虹视	G4.5	成都	未定	未定	
TMD	G4.5（LTPS）	石川县	32000	2009.Q4	目前停产中
索尼	G3.5	东浦	40000		实验阶段

数据来源：奥维咨询（AVC）

作者：北京奥维营销咨询有限责任公司 李秋纬

23 用“芯”开创智能电视新时代

彩电产业在 CRT 时代发展相对平缓，从 CRT 转型到平板电视之后，电视机能够在更多的场合得以应用，电视行业开始拥有了成长的活力！数字化、网络化、智能化、3D、低功耗、云计算各种趋势层出不穷。电视机可以上网可谓实实在在为消费者带来了新的体验。从全球范围来看，中国大陆在互联网电视方面的成长速度惊人，仅次于西欧。根据第三方统计数据，2012 年年初，已经售出的带网络端口、搭载视频点播服务的电视机已超过 2000 万台。预计 2015 年年底，互联网电视机保有量将达 1.5 亿台，且带来约 7500 万的激活用户量。

互联网智能电视带给终端消费者最大的福利就是可以在任何时间获取想要收看的内容，包括信息和娱乐。对于电视来说，更强调音视频内容。消费者在电视机前，开始拥有了更多的控制权，从传统的被动观看转变为主动选择。同时，它的人机界面发生了很大的变化，能够支持各类应用，可以实现和手机、平板电脑等其他终端的互动。因此，对电视机芯片的要求越来越高。

“过去，我们常说国内彩电产业‘缺芯少屏’。如今中国大陆成立了很多的面板厂商，在中国，面板的供应问题已经基本解决了，那么希图则解决了从模拟电视到数字电视芯片的技术难关，解决了中国彩电产业链中‘缺芯’的问题。”北京希图视鼎科技有限公司总裁刘锦湘说。

希图视鼎 2004 年 5 月创立于硅谷，2011 年，成为一家内资控股的合资企业，是典型半导体公司，同时研发媒体处理和应用软件，为电视机厂商和机顶盒厂商研究完整的解决方案。办公室主要设在北京、苏州、硅谷、圣荷西和台北，在汉城、伦敦、德国、东京设有代理。

刘锦湘说：“一般作电视和媒体编解码，都是采用硬件的方式，但是随着音视频格式的增加，用硬件越来越难以赶得上音视频格式的更新换代，所以在 2004 年的时候，希图视鼎在硅谷集合了一些最有经验的工程师，创建了基于 DSP 信号的音视频处理器。全世界大概只有两个，一个就是 TI（德州仪器）的，另一个就是 C2（希图视鼎），而且 C2 比 TI 更早实现所有音视频格式的编解码。”

2006 年，希图视鼎总部从硅谷搬到了北京。同年，希图视鼎和 TCL 合作，推出了中国第一台互联网电视 MiTV，开拓了中国互联网电视市场，并且和康佳、海尔相继合作，量产了相应的互联网电视。

刘锦湘说：“在过去两年多时间里，我们发展电视芯片相关的所有技术，推出‘第三代电视 SOC 单芯片的方案’，这也是我们在中国的第一个智能电视一体化芯片。特别是在软件方面，在谷歌的 CPS 测试中，通过率可以达到 99.35%。一块芯片，集合各种功能——支持数字和模拟信号、集成 3D 技术和 Flash10.1 等，同时还能够支持视频监控，媒体处理器部分是全世界领先的技术，且从 CPU 到 DSP 全部是希图的知识产权。”

高集成度芯片符合未来电视的发展趋势，能够通过自主创新突破瓶颈的企业才能实现长期可持续发展。希望中国的芯片企业能够勇担重任，用“芯”开创智能电视新时代！

来源：整理自中国电子信息产业经济运行暨彩电行业研究发布会

24 DiiVA 智能接口最佳选择

我国彩电工业经过 20 多年的发展，已形成年产彩电 1.2 亿多台，出口超过 6500 万台，年产值 4000 多亿元的支柱产业，成为全球彩电产品加工、制造基地，并涌现出 TCL、创维、海信、长虹、康佳、海尔、厦华、上广电、熊猫等一批知名彩电品牌。为丰富人民群众的物质文化生活提供了重要媒介，为促进国民经济增长做出了重要贡献。

随着近年来数字技术、网络技术和平板显示技术的快速发展，各类信息技术之间、各类网络之间、各种业务之间融合渗透，彩电成为 4C（计算机、通信、消费电子、内容）融合以及数字家庭产业发展和技术升级的主要载体，彩电工业成为电子信息产业发展的重要驱动力。

回顾电视机的发展，从黑白到彩色，从 CRT 到平板，再到 HD、3D……不同的发展阶段都出现了新的技术、新的服务。未来的电视，将有很多 4K×2K 超高清的视频出现，除此之外需要更多的智能化应用，因此我们需要更理想的数字高清互动接口技术，这就是 DiiVA。

由中国骨干企业主导开发的 DiiVA 带宽达到 18G，可进行双向数据和音频传输。数据的类型可以同时串流，包括现有与未来应用的未压缩高分辨率视音格式、向下兼容 HDMI、USB、以太网口。不仅可以实现高清内容双向传输，还可以传输压缩和非压缩数据，并具有多点对多点的网络传输功能，参见图 24-1。DiiVA 有很强大的软件中间层，可以处理信号传送，即把家里的音频、视频、控制信号定址传送到相应设备。

DiiVA 是在电子信息司的支持下，由中国电子视像行业协会组织中国彩电骨干企业（TCL、海信、创维、康佳、长虹、海尔、上广电、熊猫电子、凌旭）历经 3 年潜心研发取得的重大突破，形成了拥有自主知识产权、具有革命性创新成果的全球标准。DiiVA 技术在研发过程中坚持自主创新与国际合作相结合，完全按照世界标准的制定流程进行，国际上众多消费电子企业、芯片企业都积极参与，并强烈表示积极采用这项技术，和中国企业共同将 DiiVA 推广为全球的业界标准。

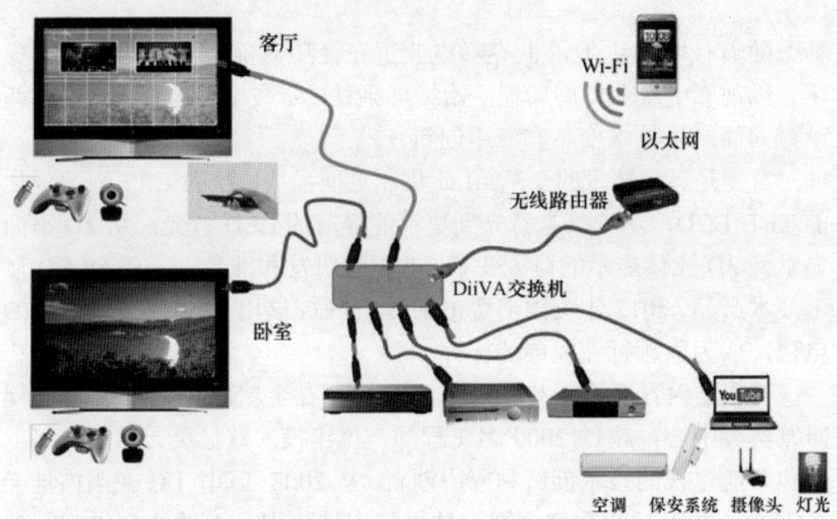

图 24-1　DiiVA 家庭网络

DiiVA 规格 1.0 版本于 2009 年 4 月 22 日已经正式发布，目前国内外主要消费电子企业已经开发出成品样机，并准备逐步量产。

DiiVA 创造了一个以数字电视为中心、融合高清双向传输、具有网络传输功能的交互应用平台，是国内骨干彩电企业精诚团结、自主联合创新结出的硕果，是我国彩电工业在全球数字家庭和消费电子领域中创造出的革命性技术，是我国彩电工业在转型阶段打造的具有全球竞争力的重大工程，标志着我国彩电工业在联合创新和世界标准制定方面迈出了关键步伐。

来源：中国电子视像行业协会

25　一切从用户体验出发——LG 电视技术

随着技术的进步，世界彩电业正在经历着前所未有的快节奏变化。纵观彩电产业发展历程，始终贯穿着显示技术和内容播放技术两个方向而产生技术变革和应用创新。

首先是显示技术的变革。LG 集团见证了从传统的 CRT 到平板化的 TFT LCD，从 CCFL 背光到更节能轻薄的 LED 背光，从 2D 平面显示到 3D 立体显示的巨大变革，并积极研发和准备下一代 OLED 显示技术产品。2012 年美国消费电子展上，LG 展出了 55 英寸的 OLED 电视，成为引领行业发展的标杆。

其次是内容播放技术的变革。LG 电子在全球拥有 11 个数字电视研发实验中心，超过 2000 名工程师，每年投入数亿美元用于数字电视和智能电视的技术创新和应用创新。从 2008 年起，LG 在国内量产了支持地面国标的数字电视一体机，支持机卡分离的数字电视一体机，支持华数、CNTV 等互联网电视内容播控平台和 App Store 的智能电视，在内容播放与智能交互技术上引领行业发展。

另外，随着越来越多的 3D 电影陆续投放市场，观看 3D 大片已经成为一种大众消费时尚。大家不仅要到电影院欣赏 3D 电影，回到家也有与家人一起观看 3D 大片的需要。未来，随着 3D 频道的开播和 3D 在平板电视中的渗透率逐渐提高，如何推动 3D 显示技术的创新和 3D 电视产业的健康发展、通过改进观看感受提高 3D 电视在大众中的亲和度，是 3D 电视一经面世就面临的重要课题。

在 3D 显示技术方面，LG 经过数年来的持续研发和投入，2010 年年底推出了“不闪式”3D 电视。越来越清晰和稳定的 3D 画质，让人们逐渐抛弃 3D 对眼睛健康不利的传统观念，3D 电视以创新的技术、健康人性化的理念，让市场发展获得了突破，加快了我国 3D 电视产业的发展步伐。

LG 不闪式全高清 3D 技术，通过高精度的贴膜技术，利用偏振光的工作原理，让左眼和右眼同时接收到对应的图像。在获得更加清晰明亮、无闪烁的逼真立体 3D 画质的同时，大幅降低了头晕、眼睛胀痛等状况的发生。LG 的不闪式 3D 技术有更宽的可视角，用户可以选择舒适的姿势观看 3D 节目，让收看 3D 的过程更加舒服自然。不闪式 3D 电视眼镜本身也更加轻薄，无需充电，无辐射。同时用户也可以将 3D 镜片夹在眼镜上，为近视用户解决了要佩戴两副眼镜的麻烦。

在 LG 的 3D 电视中，LW6500 是一个代表机型。它内置有智能电视操作系统，用户可以像操作智能手机及计算机一样，通过 LG 与华数传媒共同打造的智能电视网络平台，自由下载、添加各种有趣的应用程序，还可轻松实现在线视频点播，观看海量的音视频节目；这款产品还应用了先进的“动感应遥控器”（空鼠），用户只要挥动手中的遥控器，便可随心所欲控制屏幕上的光标，完成各种菜单操作和游戏操控，使得复杂的人机互动变得更加轻松有趣。在智能电视领域，LG 也提出了自己对智能电视概念的理解：真正的智能电视应该搭载有智能操作系统，具备应用程序扩展能力，能接入海量的在线视频，同时还具备便捷的人机交互方式。

LG 推出了全新的无边硬屏系列电视。原有的液晶边框内装有芯片和电路，所以很难做窄。而 LG 的无边框模组采用了全球领先的 GIP（Gate In Panel）技术，左右上三面仅有 1mm 极窄包边，使得电视机看上去像是一块无边框的屏幕，观看 3D 节目时，屏幕里外融为一体，观众仿佛身临其境。无边硬屏无论是其极简洁的外观设计，还是逼真的立体视觉体验，都体现着 3D 电视的未来发展趋势。而旗舰系列 55LM8600 可谓是无边硬屏的代表作。它采用了 1mm 超窄边框的无边硬屏。用户在观看 3D 影像时，几乎感觉不到电视边框所造成的空间区隔感。现实三维场景和虚拟三维场景融为一体，视觉震撼可以媲美 3D IMAX 影院。该机型还是 LG 电视中首款搭载 CNTV 内容平台的产品。它支持 CNTV 的高清下载播放功能，可以摆脱网速不稳定的影响，边下载边收看。该机型还支持全网浏览器，可以像计算机一样浏览网页、观看网站视频。另外，它还支持在线应用软件商店，可以下载丰富有趣并不断更新的生活、教育、美食烹饪、休闲游戏等方面的应用程序，可以满足每个家庭成员的需求。此外，该产品内置9.1 声道音箱，可以实现近似影院的 3D 立体声环绕效果。

除了 LM8600 之外，LG 还将在 2012 年推出 LM7600 等更多搭载无边硬屏的不闪式 3D 电视产品，覆盖 55 英寸、47 英寸、42 英寸等几个主流大尺寸，给用户提供更完整的产品选择。

LG 在电视技术上的探索创新一直在向前推进。LG 电子在韩国国内市场发布了 84 英寸 4 倍全高清 3D 电视。该产品作为全球首款超大屏超清 3D 电视，突破了技术瓶颈，有效解决了超大屏与超高清难以同时实现的难题。该产品具有 3840×2160 分辨率、800 万像素，相当于全高清 1080P 的 4 倍，画面的细腻程度令人惊叹。

LG 在电视领域取得如此多的突破，源于“一切从用户体验出发”的朴素经营哲学，在研发上大力投入，以及对新技术、新应用探索的精神。今后，LG 将继续坚持技术上的开拓创新，为消费者创造出拥有最佳用户体验的电视产品。

来源：LG 电子（中国）有限公司

26　飞利浦电视欧系立体化优势，推动行业尖端技术

伴随全球家电产业 IT 化浪潮加剧、家庭数字化步伐不断加快，中国彩电业的技术创新和产品升级陡然加速，中国家电业正经历着由制造大国向制造强国转变的关键时期。

作为一直倡导“精于心，简于形”的荷兰皇家飞利浦品牌，在一个多世纪的发展中凭借经典的设计、不断创新的产品研发能力和悠久精湛的技术品质，将欧洲的严谨工艺引入中国市场，并充分彰显出其产品在设计、技术以及多品类协同发展方面的立体式优势。2012 年，飞利浦电视也将在国内市场继续发力，拉开平板电视变革时代的新序幕。

现代欧洲人常以简约、精致作为审美标准，具有欧系血统的荷兰皇家飞利浦，也处处将品牌的精湛技术及对简约优质生活的追求注入到产品的每一个细节中。进入 2012 年，飞利浦电视撷取源自时尚创意家具的设计灵感，新上市的系列产品独树一帜地采用了全新窄边框设计，摒弃了传统外观的厚重感，配合圆弧形边缘、倾斜式支架设计，简约线条一气呵成，亦彰显出华贵、大气的设计风格，既人性化地避免了四周锋利的棱角，又将工业设计的柔和之美展露无余。来自飞利浦电视产品开发部门的人士如是说，“新产品开发环节被称为‘经典的二次定义’，产品设计过程是在严格的消费者调查基础上进行的。”立足中国本土市场的设计理念，飞利浦电视将欧系血统的尊贵与时尚传递给中国消费者。

当彩电行业的大多数企业都逐渐将产品研发重心聚焦在智能、云计算、3D 技术上时，专注、用心的飞利浦则坚守其作为目前唯一欧系家电品牌的经营理念，仍将产品卖点锁定在电视功能本身，力求为消费者提供画面感更优质、更舒适的观影体验。将光源、影像、音效做到极致，在此基础上再赋予用户体验与分享的附加价值。飞利浦电

视的芯片设计、影像、音效都拥有独立的设计团队。而作为一家制作灯具起家的公司，也将其在光源方面的优势充分发挥，其独步领先的流光溢彩技术，结合影、音、光三大元素，成为飞利浦电视的精髓和精华。为此，飞利浦将堪称其品牌“DNA”的专项技术——“流光溢彩”覆盖到中、高端机型，不仅避免了同业内技术复制的困境，也为消费者带来未来家居观影的新体验。

流光溢彩技术是飞利浦特有且极为实用的专利技术，其看似简单，实质上融合了智能光感应色彩监控技术和飞利浦领先照明技术的强大支持，通过电视机内控制系统实时监测屏幕两侧画面色彩的变化，并根据电视机屏幕内容变换电视机两侧的 LED 灯光色彩与强度，将曼妙光束投射到周围墙壁上，仿佛电视画面“溢”出了屏幕之外，从而极大扩展了观赏视角。这种技术不仅能无形扩宽画面，更会带来更舒适的观影体验。对于画面色彩的感官体验，往往会随着流光溢彩的强弱和色彩饱和度的变化而显著变化。流光溢彩亦能增强液晶电视的对比度效果，通过提升黑色部分的表现从而获得更好的对比度。此外，飞利浦流光溢彩电视的画面细节表现力也通过增强的背光色彩由此得到提升。不仅如此，独创的流光溢彩技术还能通过在电视机两侧投射出的背景光，有效改善由于电视节目画面强烈的明暗骤变而对眼睛带来的刺激及不适感觉，客观上缓解眼部肌肉的紧张程度，从而得到更舒适、自然的观看体验。飞利浦一向简约大气的外观设计，总能彰显出飞利浦电视时尚的独特个性，流光溢彩电视更符合现代家装风格，引领潮流时尚，营造绚烂靓丽的居家环境。未来，飞利浦电视也正在考虑根据飞利浦魔灯的设计理念，将流光溢彩与音乐等元素相结合，只须根据音源波段的强弱、频率不同就可变幻出曼妙多彩的背景光，亦或根据自己的喜好来设定背景光的颜色、频率，从而使消费者全方位地享受飞利浦这一特有的流光溢彩技术。

飞利浦一直将画质与音质作为电视研发的重中之重。在画质处理方面，飞利浦电视也一向有自己的优势。其独有的高清数码自然动感技术，拥有高达 2.5 亿像素/秒的超强处理速度，能通过对运动画面的精确计算，在原来的运动图像中插入符合运动轨迹的新画面，使得高清运动画面更加顺滑流畅，边缘也愈加明锐清晰，真正从横向、纵向解决电视画面的震颤现象，无论是观看激烈的体育赛事，还是运动感极强的影片，都不会错过任何一个精彩瞬间。2012 年，飞利浦全新研发了睿速影像平滑处理技术，使得画质处理和刷新速度得到进一步提升，再结合高清数码自然动感技术，能实现更流畅的画面体验。在芯片技术方面，锐腾核芯引擎也带来了不可思议的清晰度，画面的每个像素值均被修正，更好地匹配周围的像素，从而产生真实自然的画面，实现高清晰度、真实细节、生动色彩、卓越对比度以及流畅动感的独特完美统一，参见图 26-1。

图 26-1　飞利浦电视技术效果图

飞利浦液晶电视除了在画质方面表现优异外，其音质方面的技术和特点更是傲视同侪。以影音产品著称的飞利浦一直致力于开创领先业界的音响技术，并将“执着于音”的精神注入到每一款影音产品之中，体现在飞利浦电视上，其在音效方面亦不遑多让，甚至堪称超越其他品牌的独门利器。拥有 Ambi-wOOx 声效处理技术、纤薄高功率低音箱豪华配置、超宽环绕立体声、晶晰声效等先进技术，使得无需额外的音响即可欣赏到震撼、层次丰富的专业音效。飞利浦 Ambi-wOOx 声效处理技术、纤薄高功率低音箱能够将内置高功率低音喇叭的音质进行单独分离并调整至最佳状态，将深沉宽厚的低音完美呈现，配以飞利浦超宽环绕立体声及晶晰声效技术，通过电子和声学原理处理信号，对声音做特别的处理，同时拓展声音的深度和广度，加强对于立体声效的处理，无论是潺潺的流水声，还是轻细的谈话声都异常清晰，让您在家就能享受身临其境般的虚拟环绕。

电视机作为连接家庭成员的纽带之一，正在突破传统的单纯观影效果，开始引领更具个性化和创新性的互动与体验，让观影感受更加丰富。飞利浦电视也充分结合消费者日渐提升的感观需求，不断升级技术，为广大消费者带来更新颖、丰富的新体验，引领未来居家观影感受。飞利浦电视将 3D 技术引入中高端高清流光溢彩电视应用，真正实现了快速转换镜头不闪烁、无拖影的 3D 立体影像效果。飞利浦自带 3D 功能的电视机，更能轻松将 2D 电视转为 3D，高清画质搭配轻巧免电池的 3D 眼镜，为用户提供最轻松、舒适、不疲劳的 3D 超立体视觉享受。

飞利浦电视不仅外观上设计优雅、简约，技术上更是精益求精，每一台智能电视更是注入了强大的功能。用户只须将一根网线接入电视，就能轻松进入网页快捷窗口，点击进入自己喜欢的网站并进行收藏，尽享每一次网上冲浪的乐趣。同时，用户也可以在屏幕上方通过“虚拟键盘”输入想去的网站地址，实时获取重要的资讯。据了解，所有应有程序都经过了飞利浦前期严格地筛选、测试和优化，在保证内容安全及保障用户利益的前提下，让更多家庭享受智能化服务。同时，尤为值得一提的是，飞利浦电视专为消费者提供了更人性化的设计：用户可以通过飞利浦智能电视实时查询中国各大城市天气情况；可以在线浏览电子产品说明书，帮助用户快速了解电视功能，无需担心丢失说明书。飞利浦智能电视与华数传媒合作，不仅提供了海量的正版高清电影、高清电视剧和节目的在线播放，还有丰富的电视节目、短片视频点播，网络直播服务。

另外，用户只须通过 USB 接口连接 U 盘，同样能够在电视上直接欣赏储存在 U 盘上的照片、MP3 和视频等。当然，如果通过 DLNA 家庭共享网络，使用 Wi-Fi 无线连接，轻松划动飞利浦电视“睿感”遥控器即可分享计算机或家庭网络上的视频、照片和音乐内容，真正享受属于用户自己的 3D 精彩生活。

伴随着中国经济的不断发展，人民生活水平不断提高，许多新的技术不断被突破，许多新尺寸的面板不断推出。当前全球消费电子业正进入消费价值角逐的时代，此时谁能根据市场需求提供消费福利最大化的产品，谁就将在市场竞争中占据先机。未来电视机的趋势将越来越走向智能与节能。作为百年欧系品牌，飞利浦一直秉承“精于心，简于形”的品牌精神，产品研发及创新脚步也从未停歇。从每一项技术、产品的诞生到应用，都经历了飞利浦 360 度严格的考量，然而最核心的研发思路仍是创新。

未来 3C 家电产品趋势也会越来越走向绿色环保和节能，飞利浦作为源于荷兰皇家的欧系品牌，致力于提倡健康绿色生活，其尖端的技术一直走在行业前端，甚至推动着行业的发展。无论是在节能、人体工学亦或电视光波方面都执行更高标准。从被动省电到自动省电的一键式关机设计，达到关机“零功耗”，真正环保减碳，这一系列举措无一不显示出飞利浦电视响应中国政府号召，在节能环保、绿色低碳中所做出的努力。

飞利浦作为行业的领先者，在 5 年前 3D 发展的初期就已拥有了 3D 的显示器，在未来将着手研发一些裸眼 3D 技术，以期更加符合中国市场的需求。也相信在未来，一直坚信为消费者提供“健康舒适，优质生活”的飞利浦，以其对于产品孜孜以求的创新科研能力，一定会为消费者带来更加完善、完美的产品组合，请大家拭目以待！

来源：晋声（上海）电子科技有限公司

第五篇

介　　绍

27　中国电子视像行业协会简介

中国电子视像行业协会，英文名称为 China Video Industry Association（CVIA），成立于 1988 年 9 月 2 日，其前身为 1979 年成立的全国电视机行业协会及相关专用部件协会。中国电子视像行业协会是由从事视像行业及数字音视频领域（电视机和大屏幕投影等各种显示终端、数字家庭、机顶盒、摄录编设备、数字电影、高清存储、IPTV 接收设备、音视频编解码、超宽带无线传输、专用部件、视频监控等）生产、研发、运营、服务的企事业单位、大专院校、产业联盟相关单位和个人自愿组成，经国家民政部批准并合法登记，具有社团法人资格的全国性行业组织，业务主管单位是工业和信息化部。

一、宗旨

遵守国家宪法、法律、法规和政策；遵守社会道德风尚，为会员服务，为政府服务；维护行业和会员合法权益；在政府和企事业单位之间发挥桥梁和纽带作用，推动电子视像行业健康发展。

二、主要职责

协会负责电子视像行业和以音视频技术为基础的消费类电子产业的行业自律，协助政府加强行业管理，承担政府授权和交办的有关行业管理职能；根据行业发展的需要及国家有关的方针、政策，制定行业技术标准和行业规范，加强行业自律；经政府有关部门批准开展对行业信息的调查、收集、统计、研究；对视像行业的产品和技术进行推荐；开展信息交流与国际合作、咨询服务和业务培训、书刊编辑和出版；促进会员之间、行业之间、上下游产业之间的技术、经济合作；协调会员之间的关系，促使在进出口贸易和技术引进等方面体现行业整体利益；针对行业内技术、经济、企业管理等方面存在的问题，集中行业优势，组织调研或攻关；反映会员的愿望和要求，提出行业发展的建议，为行业及会员企业创造良好的政策和市场环境等。

三、业务领域

1．根据国家有关政策法规，结合行业特点，制定行业的行规行约，建立行业自律机制，不断规范行业行为。认真贯彻国家电子信息产业相关政策，促进显示行业结构调整，推进技术进步，加强节能环保，开拓市场，在维护市场秩序、促进公平竞争，在行业科学发展、提高行业运行质量等方面，发挥行业组织的作用。

2．参与行业内重大投资、改造、开发项目的先进性、经济性和可行性的前期论证。推动科技创新、管理创新与产品开发，组织行业共性技术开发和科技成果的推广应用。组织开展视像行业科学技术奖、创新成果等评审奖励工作。

3．参与制定、修订行业有关技术、经济、管理等标准、规范，组织推进会员单位贯彻实施，开展行检、行评工作。对不符合国家标准、行业标准和其他标准的产品和企业，配合政府部门进行督促整改。

4．组织收集、整理、分级发布国内外显示行业市场状况和经营管理、经济技术等信息。监测行业经济运行态势，开展专题研究。对会员单位的经营管理、发展战略及经济技术指标进行分析、评价，提供咨询服务。组织行业间技术、经济、市场、企业管理等方面的交流，总结、宣传、推广先进典型经验。

5．代表中国视像行业和组织国内有关企事业单位开展与国际同业组织、境外企业的交流与合作，保持与国际有关显示同业组织的联系，互通信息，进行协商对话，促进对外经济技术交流与合作。

6．开展视像行业技术、产品、市场等方面热点与难点问题的研究，发布研究成果，承担有关咨询服务业务。参与拟定行业发展规划、产业政策法规的相关工作，为政府加强宏观调控和管理提出咨询建议，向政府反映企业要求和争取政策支持。

7．组织有关业务培训，研究制定有关技能、职称评定标准与考核办法，组织开展视像行业职业技能竞赛，提高职工的专业和技术素质。

8．编辑出版行业权威书刊，宣传行业正确导向和引导理性消费。

9．依法开展视像行业统计、调查、分析和上报等项工作；代表行业或协调企业进行反倾销、反补贴、保障措施等相关工作，协调企业进出口工作。

10．做好本会自身建设和管理工作，承担政府交办的其他事项，接受会员和社会的委托，提供专项服务。

四、组织机构

中国电子视像行业协会是我国电子音视频领域具有权威性的国家一级社团组织，最高权力机构为会员大会。目前，中国电子视像行业协会现有理事 55 家，正副会长单位 18 家，正、副会长 21 人，TCL 集团股份有限公司李东生董事长任会长。

中国电子视像行业协会的常设办事机构为秘书处，秘书处负责协会运行和日常工作。

中国电子视像行业协会组织机构示意图参见图 27-1。

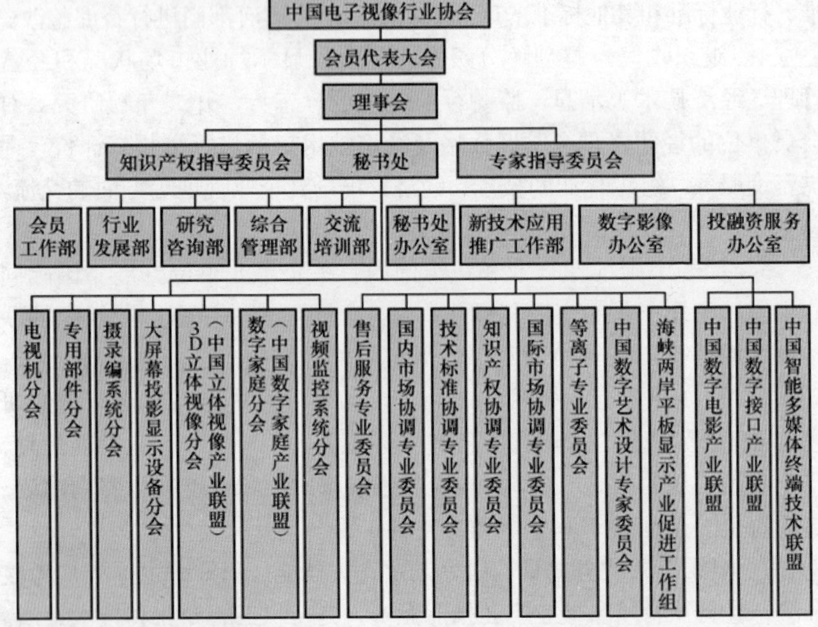

图 27-1　中国电子视像行业协会组织机构示意图（截至 2012 年 4 月）

中国电子视像行业协会通信地址如下。

北京市石景山区鲁谷路 35 号电科大厦东楼 5 层

邮编：100040

网址：http://www.cvianet.org.cn

微博：http://weibo.com/cvia

秘书处办公室电话 010-88686417 传真 010-88686413

28　北京奥维营销咨询有限责任公司介绍

北京奥维营销咨询有限责任公司（简称“奥维咨询”，英文缩写为“AVC”）是一家专注于消费电子和平板显示领域的营销咨询机构，于 2007 年由工业和信息化部、中国电子视像行业协会倡导成立。

基于专业团队及研究方法、多维数据来源，奥维咨询（AVC）全力打造“全产业链”研究模式，研究服务范围涵盖：零售研究、产业咨询、B2B 研究、专项研究、营销及投资咨询、会展活动、政府咨询等领域，同时承担工业和信息化部与中国电子视像行业协会的课题研究，为政策研究提供支撑。

凭借雄厚的专业实力和良好的服务，奥维咨询（AVC）已与近百家国内外知名企业建立深入的合作关系，在消费电子领域树立了“严谨、精确、专业”的形象，代表了本土的权威市场调研和咨询力量。

◆　奥维咨询（AVC）宗旨

为客户创造价值！

◆　奥维咨询（AVC）价值观

严谨精确、专业独立

快速响应、以客为尊

以人为本、开拓创新

◆　奥维咨询（AVC）战略定位

聚焦（Focus）：聚焦于消费电子及平板显示产业。

纵深（In-depth）：纵深化、全产业链研究模式。

定制化（Customization）：定制化、客户支撑式服务模式。

◆　奥维咨询（AVC）战略目标

成为中国乃至全球消费电子领域最优秀的咨询机构。

推动中国消费电子产业健康持续发展。

实现公司上市。

◆　奥维咨询（AVC）联系方式

北京市朝阳区东四环中路 82 号金长安大厦 A 座 1101-1102 室
邮编：100022
电话：86-10-87765734/6783/5934/6435（总机）
传真：86-10-86676374-8002
网址：www.avc-mr.com

29 LG 电子（中国）有限公司介绍

LG 集团创立于 1947 年，是拥有 64 年历史的大型跨国集团，目前在全球拥有约 200 家子公司，员工总数达到 20 万人，在 2010 年全球财富 500 强中位居第 67 位。目前，LG 集团的业务领域包括电子、化学以及通信和服务三大事业领域。在 LG 集团的 60 家集团控股公司中，分别有 13 家电子企业（LG 电子、LG 显示等），14 家化学企业（LG 化学、LG 生活健康等），以及 32 家通信和服务企业（LG 电信、LG CNS 等）。

其中，作为 LG 集团最主要事业领域的 LG 电子成立于 1958 年，已经走过了 53 年的发展历程。在过去的 53 年里，LG 电子通过创新技术和产品的开发，已成长为韩国电子信息及通信领域的代表性企业。同时，其凭借智能科技和时尚设计的完美融合以及全球化的生产、营销体系，已成为世界电子信息及通信产业的领军企业。2011 年，LG 电子全球销售额为 55.8 万亿韩元（约合 482 亿美元）。

通过对研发、设计的果断投资和积极的全球营销策略，LG 电子确保了在全球范围内的产品领导力和市场领导力，通过不断推出智能 3D 电视、智能家电、移动通信等尖端、创新数字产品，打开了世界电子信息通信产业的崭新未来。作为数字家电和移动解决方案领域的世界一流的跨国企业，LG 电子分为四大事业部：家庭娱乐、家用电器、移动通信、空调和能源解决方案，在全球六大洲基本都设有海外生产基地和营销部门，全球生产、营销网络达到 117 家，员工人数超过 93000 人。LG 电子在全球共设有 48 个研发中心和设在韩国首尔、美国纽约、中国北京、日本东京、印度新德里、英国伦敦的 6 个设计中心。

以 1993 年惠州法人的成立为起点，LG 电子进入中国已有 18 年。通过 18 年以来全体员工的共同努力，以及生产、营销、研发、人才的中国本土化与国际化，已经构筑了完善的事业结构，成为生产和提供高端数字显示、数字家电、移动通信、数字多媒体等产品为一体的，极具代表性的消费电子及信息通信企业。与此同时，LG电子也通过不断提高品牌知名度和积极开展营销活动，实现了销售额的逐年稳步增长，其中液晶电视、对开门冰箱等高端产品的销售成为主要增长点。

目前，以北京的LG电子（中国）有限公司为中心，LG电子在中国拥有惠州、天津等12个生产法人（产品工厂）、5个分公司（地区营销业务）、6个技术服务中心、3个研发和1个设计中心。截至2010年，员工约36000人。2010年，LG电子中国销售额约110亿美元，LG平板电视、对开门冰箱、滚筒洗衣机、手机、显示器等产品均得到市场认可，深受消费者喜爱。

一、积极的市场战略与差异化的发展策略

LG电子主动适应中国国内制造业环境的变化，整合自身资源，以差异化作为经营的基本路线，巩固了行业地位，同时也引导了业态的健康发展。凭借对顾客需求的洞察和探索，LG电子成功地迎合了消费者更深层次的追求，为顾客创造了差异化价值。LG电子认为，只有差异化的产品优势才是确保LG电子在中国树立高端品牌形象、从激烈的市场竞争中脱颖而出的必要措施。

LG电子在全球营销中凭借着差异化产品，在手机、家电等领域迅速崛起，跻身顶级消费电子厂商之列。同时，LG电子发展制造业的差异化道路，将传统制造业的核心环节——加工制造，向价值链的前后端延伸，推动前端的研发和设计环节，以及后端的品牌营销、供应链管理和售后服务等环节的发展，在不同的国家和地区绘制自己的发展蓝图。同时，LG电子正在从单纯的制造业企业向以客户为中心、提供融合时尚设计和智能科技的高端产品的创新型企业转型。

二、售后服务

北京LG电子技术服务中心成立于1996年。为了扩大服务网

络，自 1997 年开始，LG 相继在北京、上海、广州、沈阳、成都、武汉 6 个城市设立技术服务中心，在济南、青岛、深圳、厦门、南京、杭州等 35 个城市建立顾客信息处理中心，在北京、上海、广州设立呼叫中心（CIC），相继在南京、沈阳、长春、合肥、北京、重庆、广州、上海建立了 8 家售后服务形象店。目前，LG 全国售后维修网络已达到 1200 多家，随时为顾客提供方便快捷的售后维修服务。

LG 电子推行“亲切、迅速、准确”的售后服务宗旨。“亲切”即接待顾客的态度、语言、声音、表情等让顾客感到亲切；“迅速”指接到服务信息后要以最短的时间做出反应，快速地预约、上门、反馈结果；“准确”的含义是准确无误地判断故障、记录信息，真实地记录结果。从 2007 年开始，LG 电子又将售后服务理念定为 MOT（Moment Of Truth），即“瞬间感动”——在与顾客接触的每个环节都能够使之感动。2010 年，LG 在“瞬间感动”基础上进行又一次提升，提出“心服务新感动”，更加注重与消费者心与心的沟通。服务贴心、顾客舒心、使用放心。LG 正在通过不断努力，为消费者创造更加便利、高效、完善的售后服务体系，使消费者收获更多新的感动。

LG 的售后服务水平向行业最优看齐，售后回访（CSI）的客户满意度逐年上升，售后服务水准不断提高。从 2008 年年初开始，LG 电子售后服务强调“NPS（顾客推荐指数）”，为行业树立售后服务新标杆。

以“亲切、迅速、准确”为服务宗旨的 LG 售后服务呼叫中心保证接听率在 95%以上，各项 KPI 指标超过目标水平，从 2006 年至 2008 年，先后赢得“中国家电行业呼叫中心十大满意品牌”、中国（亚太）最佳呼叫中心、家电行业售后服务呼叫中心十佳品牌等殊荣。2009 年在腾讯网针对家电企业电话客服的暗访调查中，LG 以综合成绩第一名位居榜首。2010 年 LG 电子（中国）CIC 荣获由电子商会颁发的“2010 中国（亚太）最佳呼叫中心”称号。

2009 年至 2010 年，LG 电子已经相继在南京、沈阳、长春、合肥、北京、重庆、广州、上海建立了 8 家售后服务形象店，2011 年进一步扩大覆盖范围，为更多的用户带去了高品质的服务。

三、公益事业

从 1993 年进入中国开始，LG 电子就秉承“爱在中国”的理念，把中国的社会公益事业当成优秀企业公民应尽的一份义务，曾先后在教育、助残、体育、文化、环保及卫生等领域与中国相关政府部门或非官方组织展开多次公益合作。

近年来，LG 电子因在公益事业方面的突出贡献而屡屡获奖，其公益事业也日趋差别化、多样化和体系化，回馈社会的思想也在全员上下深入人心。自 1999 年至今，LG 电子在中国共捐建 16 所希望学校，惠及 8500 多名师生，为中国社会做出贡献。除进行捐赠外，LG 电子还投入巨资实施大学奖学金计划，并于 2006 年将公益领域扩展至农村共建领域，与政府部门携手，共同建设社会主义新农村。而 2007 年以来，LG 电子开展了多样化公益活动，先后展开了希望学校访京、泰州“圆梦大学”、LG 希望园丁座谈会、2007 情系灾区捐赠、为盲人“口述”电影、“地球一小时”、希望小学师生参观上海世博会等活动。2008 年 9 月 28 日，LG 电子更连续第三年荣膺“光明公益奖”，公益理念与公益投入备受肯定。

2008 年汶川地震后，LG 集团积极参与抗震救灾活动，捐款 1700 多万元，主动捐资重建在地震中损毁严重的都江堰玉堂中学，该中学于 2009 年 10 月全面竣工。竣工后，LG 电子再次伸出援助之手，帮助学校修建了“LG 爱心图书室”和“LG 数码微机教室”，并为学生宿舍捐助了电冰箱、洗衣机、微波炉等 LG 产品。值得一提的是，LG 爱心图书室中有 1000 余本书籍是 LG 公司全体员工自发捐献的，并经全国各地的生产和销售法人邮寄到学校，每本书都饱含了 LG 人浓浓的关怀之情。2010 年青海玉树地震后，LG 再次通过中国红十字会向青海玉树地震灾区捐款 500 万元人民币，为地震灾区争分夺秒的营救行动尽一份绵薄之力。此外，为了表达对“流动学生”的关爱，提高民工子女的升学率，2009 年，LG 志愿者联盟共举办了三期京华希望学校（民工子弟学校）课外教学活动，并传授甲流防治知识。经过

LG 志愿者的努力，京华希望学校初三学生的升学率从原来的 1%提高到 60%，得到了该校师生的一致好评。

2011 年，LG 志愿者联盟更是先后组织了关爱智障人士、关爱民工、为盲人读书、环保小天使系列公益活动、希望教师日等 10 余次社会公益活动。活动得到公司领导以及员工的响应和支持，也受到社会及媒体的广泛好评。

未来，LG 电子将继续把企业的公益行为作为一项义务和长期事业，自觉履行企业公民的责任，为中国社会做出更多的贡献。

30　冠捷显示科技（厦门）有限公司介绍

1. 公司股权结构及集团简介

冠捷显示科技（厦门）有限公司为冠捷科技集团的全资子公司，冠捷科技集团及其旗下的子公司均为中国电子信息产业集团有限公司（CEC）实际控股的子公司。

冠捷科技集团为全球化高科技企业，主要开展液晶显示器、液晶电视、AIO 一体机的研究开发、生产制造和销售推广业务。集团 2011 年营业额达 110 亿美元，全球现有员工 30000 余名。目前，集团拥有十一大制造基地、七大销售中心及两大研发中心。其中，六大制造基地位于中国的福清、北京、武汉、厦门、青岛、北海；在外国的制造基地则分别位于巴西的玛瑙斯与圣保罗、波兰的戈茹夫、墨西哥的蒂华纳及俄罗斯的圣彼得堡。七大销售中心分别位于中国、美国、巴西、德国、荷兰、印度及日本。两大研发中心则分别位于中国台湾及中国大陆。

集团发展沿革如下。

1990 年 12 月，于福建省福清市投资成立冠捷电子（福建）有限公司，1992 年 5 月正式投产，成为当时外资率先投资中国大陆的 IT 制造商之一。

1997 年 8 月，于北京以合资方式成立北京东方冠捷电子有限公司，南北生产基地正式形成，对产品供应链产生优化效果。

1999 年 10 月，冠捷科技股票于中国香港、新加坡两地同步上市。

2002 年 5 月，于福建省福清市投资成立福建捷联电子有限公司，专门从事液晶显示器（LCD Monitor）和液晶电视（LCD TV）的生产销售业务，生产规模与产品种类更为扩大与完善。

2004 年 1 月，Envision 巴西电子有限公司（玛瑙斯）投入生产，生产基地进驻美洲。

2004 年 6 月，于武汉投资成立冠捷显示科技（武汉）有限公司及冠捷科技（武汉）有限公司，产品包括液晶显示器与液晶电视等，产品销售区域进一步覆盖中国中西部城市。

2005 年 9 月，冠捷科技正式以并购方式，全面接收飞利浦全球个人计算机显示器及低端平板电视的生产制造业务。因此，苏州飞利浦消费电子有限公司及台湾飞利浦电子工业股份有限公司中坜厂成为集团子公司，并分别更名为苏州冠捷科技有限公司及冠捷科技集团台湾飞合股份有限公司。

2005 年 12 月，北京东方冠捷电子有限公司更名为冠捷科技（北京）有限公司，成为冠捷科技独资子公司。

2007 年 4 月，在波兰投资成立全资子公司，并于 2008 年 2 月份开始投产。

2008 年 2 月，Envision 巴西电子有限公司（圣保罗）投入生产，进一步扩大及巩固美洲市场。

2009 年 9 月，冠捷电子（墨西哥）有限公司正式投产，进一步巩固北美市场。

2009 年 8 月，冠捷显示科技（厦门）有限公司正式投产。

2010 年 3 月 10 日，冠捷科技（青岛）有限公司破土动工。

2011 年 4 月，冠捷独联体有限公司在俄罗斯圣彼得堡正式投产。

2011 年 4 月 9 日，冠捷北海工厂举行签约仪式，于 2011 年 9 月份量产。

2011 年 5 月 4 日，冠捷成都工厂举行签约仪式，将于 2012 年年底量产。

2012 年 4 月，与飞利浦成立电视业务合资公司 TP Vision，总部位于荷兰阿姆斯特丹。

冠捷科技集团以其卓越的研发技术、有效的成本控制、大量生产的优势及优异的品质和服务，赢得了世界各大计算机及电视品牌商的肯定和信赖。在全球范围内，其显示器及液晶电视出货量排名均位居前列，委外代工保持领先地位。

在机遇与挑战并存的市场环境中，冠捷科技集团仍将持续加强研发能力，发挥经营团队的专业才能与经验，在竞争激烈的市场中攫取更多的商机，勇往直前。

2. 公司概况

冠捷显示科技（厦门）有限公司成立于2006年12月，2009年8月正式投产，注册资本2500万美元。公司位于厦门火炬高新区（翔安）产业区翔海路1号，厂区面积42.64万平方米，厂房面积21.6万平方米。

3. 公司主营业务

冠捷显示科技（厦门）有限公司是冠捷科技集团主要的液晶电视生产制造基地、研发中心。2011年液晶电视出货量410万台，2012年液晶电视出货量预计增长至550万台。

公司的主营业务范围：从事计算机及其周边设备、TFT-LCD平板显示屏、工模具、新型平板显示器件（液晶显示屏、液晶显示器、等离子显示器）、数字电视机（液晶电视、等离子电视、视频投影机）、电视终端设备（多媒体终端、会议电视终端）、监视器、其他显示产品及其半成品、套件、模组及零配件的研发、设计、生产和售后服务。

4. 公司财务基本情况

冠捷显示科技（厦门）有限公司于2009年8月投产，近3年来已产生了明显的经济效益，财务情况详见表30-1。

表30-1 2009至2011年企业财务状况一览

项目名称	年份		
	2009年	2010年	2011年
销售收入（万元）	43317	535936	709236
利润总额（万元）	−2273	5374	20747
所得税额（万元）	–	292	2635
净利润（万元）	−2273	5082	18113
固定资产（万元）	13739	26578	26278
资产负债率	74.00%	86.49%	87.32%
银行信用等级	AA	AA	AAA

如表30-1所示，2009年8月公司投产，当年实现销售收入43317

万元；2010 年销售收入增长至 535936 万元，弥补前年亏损后实现净利润 5082 万元；2011 年完成销售收入 709236 万元，实现净利润 18113 万元。

5. 公司人力资源及组织

目前公司在职员工 4182 人，其中大专及以上文凭人员 1340 人（硕士 48 人，博士 4 人），占在职人员总数的 32%。

公司隶属于冠捷科技集团，具有独立法人资格，依法建立有董事会、监事会和经理层的公司法人治理机构。有效的监控，明确了高层领导的管理责任和财务责任，确保了资产保值增值。公司高度关注员工、股东和相关方权益，与之共同分享公司的发展成果。

6. 公司营销能力

公司依托冠捷科技集团的有利资源，拥有强大的销售网络及完善的售后服务体系，产品销往五大洲，拥有稳定且多样化的客户群。除自有品牌 AOC、Philips 外，还有国内外知名品牌的多数客户（如 Vizio、索尼、夏普、日立、三洋、百思买、海尔、创维等），同时也在积极争取潜在的客户群，如东芝、三星等。公司在国内及国际市场上均享有良好的声誉。

公司秉承“以客为尊，服务第一”的理念，为顾客提供优质的售后服务，解决客户的售后服务问题，近几年以来，得到了众多客户的信赖和认可。

7. 公司研发及创新能力

公司研发部门人员总数 554 人（含外籍员工 32 人），大专及以上学历人员 520 人，其中硕士 45 人，博士 4 人。

公司在国家和厦门市政府的支持下，围绕行业发展方向，积极进行技术创新和技术改造，先后实施“平板显示整机与模组一体化设计与制造”，“液晶电视机主板贴片生产线扩建及产品信赖性测试平台新建技改”，“基于自主研发 LED 芯片、驱动 IC 的 LED 背光液晶电视研发及产业化”，“新型节能、超薄液晶电视联合研发及产业化”等项目。这些项目的实施有助于提升公司研发技术水平及生产能力，提高产品的科技含量及技术水平，实现产品的更新换代，适应市场需求，使公司在激烈的市场竞争中处于有利地位。公司还参与了行业标准SJ/T 11292—2003《计算机用液晶显示器通用规范》及SJ/T 11343—2006《数字电视液晶显示器通用规范》的制定。

公司秉承了一整套严格的新产品开发评审体系，采用六西格玛先进理念指导研发；自主设计研发，针对设计创新、设计进度、设计成本、设计质量、设计稳定性及设计生产性六大设计指标把关；组织创新，设立专业技术总监，大幅度提高技术研发能力，设计不同产品满足不同客户需求。

公司依托强大的研发团队，拥有高度的研发成功率和成果转化能力，2011年获准筹建“厦门市平板电视技术重点实验室”。公司为厦门市知识产权示范企业，将知识产权申请以及维护工作纳入公司研发的核心工作指标。自2009年投产至今两年多的时间里，已向中国及其他地区申请发明专利225项，新型专利185项，总计410项；目前已有63项新型专利获得授权，2项发明专利获得授权，143项发明专利正在接受国家专利机关审核，其中已有83余项发明专利申请获得国家的公告实质审查。

8. 公司生产设备条件及生产能力

公司目前拥有液晶模组、AIS表面贴装、MI基板生产和SI TV成品组装4个车间。液晶模组车间拥有4条液晶面板生产线和4条液晶模组生产线；AIS表面贴装车间拥有14条先进（松下/安必昂）电路板自动生产线、12台松下高速插件机及配套设备；MI基板生产车间拥有7条电路板手插生产线及配套设备；SI TV成品组装车间拥有6条自动化TV组装线及配套Chroma、德律等测试设备。公司具备年产液晶模组340万片、液晶面板360万片、液晶电视750万台的生产能力。

9. 公司质量及环境体系

公司积极推行全面品质保证制度，建立健全的质量管理体系，包括原材料品质管理体系、制程品质管理体系、成品品质管理体系以及新机型品质管理体系，并通过ISO9001、ISO14001、OHSAS18001和QC080000（有害物质过程）等管理体系认证。公司依据体系标准持续改进质量、环境、劳工管理。

公司产品的质量标准符合国家电子行业标准（SJ/T 1192—2003），并通过国家质检部门及专业检测机构的检测；符合 TCO 03 及各国安全和电磁兼容标准，取得中国 CCC 质量标准认证及美国 UL、加拿大 CSA/CUL、德国 TUV-GS/13406-2、美国 FCC、日本 VCCI 及欧盟 CE 等各国认证。

10. 公司资信及荣誉

公司 2011 年被厦门企业和企业家联合会评为“厦门企业 100 强”（第 17 名）、“厦门制造企业十强”，2010 年、2011 年均列入“厦门市重点工业企业”名单。公司为“中行总行级重点客户”、“工行总行级优质客户”、“农行总行核心级客户”，中行信用评级 AAA、农行信用评级 AAA。

2010 年被厦门火炬管委会评为“2010 年纳税重点企业”。

2010 年获得厦门海关的“A 类企业”管理资质。

2011 年获得厦门出入境检验检疫局“一类企业”资质。

2011 年被厦门市知识产权局评为“厦门市知识产权示范企业”。

2011 年厦门市科技局批准其建立“厦门市平板电视技术重点实验室”。

11. 社会责任

公司经过几年的发展历程，在经营规模不断壮大的同时，认真落实科学发展观、积极履行企业社会责任，自觉地把企业社会责任融入到公司的战略、企业文化和生产经营活动中，努力构建和谐企业，努力推进经济、环境与社会的和谐发展，致力于成为优秀企业公民的典范。

公司坚定可持续发展的理念，在追求企业成长壮大的同时，善尽社会公共责任，保护环境，以人为本。公司承诺遵守国家劳工管理的法律法规及电子行业行为准则 EICC 的规范。在全球供应链中，建立标准化的社会责任感行为规范，包括劳工道德、健康安全、环境责任、管理体系。通过宣导及持续改善，降低与控制劳工及道德风险。